本书由“北京市兰台（青岛）律师事务所”资助出版
本书由“山东省社会科学规划项目（21CFXJ13）”资助出版

国家治理视域下地方税权问题研究

王茂庆　崔　杰　著

中国财经出版传媒集团
中国财政经济出版社
·北京·

图书在版编目（CIP）数据

国家治理视域下地方税权问题研究/王茂庆，崔杰著. --北京：中国财政经济出版社，2024. 8. --ISBN 978-7-5223-2621-4

Ⅰ. F812. 7

中国国家版本馆 CIP 数据核字第 20246M79J0 号

责任编辑：胡　博　　责任校对：胡永立
封面设计：陈宇琰　　责任印制：史大鹏

国家治理视域下地方税权问题研究
GUOJIA ZHILI SHIYU XIA DIFANG SHUIQUAN WENTI YANJIU

中国财政经济出版社 出版

URL：http：//www. cfeph. cn
E-mail：cfeph@ cfeph. cn

社址：北京市海淀区阜成路甲 28 号　邮政编码：100142
营销中心电话：010-88191522
天猫网店：中国财政经济出版社旗舰店
网址：https：//zgczjjcbs. tmall. com
中煤（北京）印务有限公司印刷　各地新华书店经销
成品尺寸：170mm×240mm　16 开　12. 25 印张　177 000 字
2024 年 8 月第 1 版　2024 年 8 月北京第 1 次印刷
定价：60. 00 元
ISBN 978-7-5223-2621-4
（图书出现印装问题，本社负责调换，电话：010-88190548）
本社质量投诉电话：010-88190744
打击盗版举报热线：010-88191661　QQ：2242791300

前　言

不论完善地方税体系，还是推进国家治理现代化，乃至防范化解地方政府债务风险，都绕不开地方税权问题。可以说，地方税权问题是改革迈向深水区之后最难啃的“硬骨头”之一。不论是联邦制国家，还是单一制国家，只要存在以财政分权为基础的多层级治理，就会存在税收分配、税权纵向配置问题。

一直以来，国内财税学者主要从保障地方税收收入的意义上研究地方税体系的完善问题，大都未触及地方税权这一根本问题，没有对地方税权的理论和规范基础进行系统研究。国外财税学者大多从财政联邦制理论出发，研究税收分配问题。马斯格雷夫（Richard A. Musgrave）对政府层级间的税收分配问题做出了奠基性研究。奥茨（Wallace E. Oates）、麦克卢尔（Charles E. McLure Jr）、伯德（Richard M. Bird）等对中央与地方之间的税收分配都展开了系统的理论研究。在西方，地方普遍享有税权，税收分配问题的相关讨论并不提及地方税权问题。但是，财政联邦制税收分配理论对地方税权的配置具有非常重要的理论意义。在国内法学界，刘剑文、熊伟等对地方税立法问题进行了一定程度的关注和研究。刘剑文对地方税立法的纵向授权机制进行了设计。熊伟从坚持税收法定原则、兼顾地方财政自主的立场出发，提出了对地方税授权立法的看法。还有学者从税收法定原则出发，探讨了地方税收立法权问题。法学者一般基于法教义学的立场，在税收立法权纵向配置的现有制度框架下探讨地方税权问题，未能从国家治理的宏观视野出发有效拓展地方税权问题研究的理论空间。

1994 年分税制改革是新中国改革历程中的一个经典之作，奠定了社会主义市场经济体制的基础。随着分税制财政体制的不断完善，我国逐步确立了包括房产税、车船税、契税、烟叶税、城镇土地使用税、耕地占用税、土地增值税、环境保护税在内的地方专享税和包括资源税、印花税、城市维护建设税在内的收入主要归地方政府的共享税为主体的较为完善的地方税体系。2013 年 11 月，党的十八届三中全会提出了“国家治理体系和治理能力现代化”的重大命题和“财政是国家治理的基础和重要的支柱”的重要论断。学界认识到，财税体制改革是事关国家治理现代化的深刻变革，地方税和地方税权是地方治理的重要基础。税权集中体制背景下，完善地方税体系，加强地方税权配置，有利于提升国家治理现代化水平。本书将地方税权问题置于国家治理现代化的视域下，对其展开了较为系统、全面的研究。第一章系统阐释了地方税权的学理内涵。第二章介绍了财政联邦制理论的基本观点，将财政联邦制税收分配理论作为地方税权的理论基础。第三章意在阐明辅助性原则构成了地方税权的规范基础。第四章考察了我国的制度实践，分析了落实税收法定原则对地方税权的影响。第五章努力挖掘地方税的治理功能，为地方税权配置积极拓展制度空间。第六章着力研究地方政府债务的法律治理问题，意在阐明地方政府债务风险治理与地方税权之间的密切关联。第七章聚焦房地产税立法问题，房地产税是典型的地方税，房地产税立法为推进地方税权制度实践提供了难得契机。第八章对产业结构调控税权问题进行了专门研究。

王茂庆　崔　杰

2024 年 6 月

目　录

第一章

地方税权的法理阐释

要科学阐释地方税权的内涵，必须先把握清楚什么是税，什么是税权。在税收国家背景下，税收收入在国家财政收入中所占的比重最大，由此决定了税权、地方税权的重要地位。

第一节　税

伴随着全面依法治国进程的加快，税收收入在财政收入的比重逐年提高，我国正向现代税收国家积极转型。所谓税收国家，其财政收入主要来源于税收。根据财政部网站数据，2023 年全国一般公共预算收入为 216784.37 亿元，其中，税收收入为 181129.36 亿元，税收收入在一般公共预算收入中的比重约为 83.6%。从财政收入的来源看，税不同于费、政府性基金、公债、国有资产收益、彩票收入等。

一、税的概念

税即税收，历史上被称为租税、赋税或捐税等，由国家依据税法向纳税人强制地、无偿地征收。可以从形式、实质两个方面来把握税收的内涵。从形式上看，依照税法征收的财政收入才是税收。税法是“有关确定哪些收入、支付或交易应当纳税，以及按什么税率纳税的法律规范的总称”。① 税法将税收关系作为其调整对象，从而有别于费用征收法、国有资产收益法、公债法等。税收法定原则构成了对国家征税权的形式限制，而量能课税原则从实质上控制了国家的征税权。从实质上看，税收是国家为社会提供公共物品而凭借公权力获取财政收入的主要形式。公共物品因其非排他性、非竞争性而由国家提供，国家只能采取强制征收的方式由社会承担公共物品的成本。

二、税的特征

除了税收，费、政府性基金、公债等也是财政收入的重要来源。相对于其他财政收入来源，税收一般有以下特征。

（一）税收的无偿性

税收是一种无对待给付的公法上的法定之债。课税的基础在于纳税人的负税能力，而不是从公共服务中获取的收益。国家依法向纳税人征税形成国家的财政收入，无偿地归国家占有和使用，不再归还给纳税人，也不支付任何报酬。无偿性是税收的关键特征，它使税收区别于费、政府性基金、公债等财政收入形式。无偿性决定了税收是筹集财政收入的主要手段，并成为调节经济和矫正社会分配不公的有力工具。费即行政收费，从狭义上讲，费是基于受益负担理论，以现实和潜在的对待给付为要件，在政府与公民间形成的价格关系和债权债务关系，包括规费和受益费。从广义上看，除了规费和受益费，费还包括基于特定经济社会政策需要，以专项基金方式收取和使用的各种政府性基金。②

（二）税收的强制性

税收的无偿性决定了其只能通过强制的方式予以征收。因消费公共

① ［美］戴维·M. 沃克. 牛津法律大辞典［Z］. 邓正来等译. 北京：光明日报出版社，1988：790.

② 刘剑文. 财税法学［M］. 北京：高等教育出版社，2021：31.

物品不具有排他性而存在“搭便车”的情况，因此，作为公共物品的购买价格，税收不可能通过自愿的手段来实现，只能诉诸国家强制力。税收的强制性表现在，国家以公权力为依托，用法律的形式加以规定，并依照法律强制征收。在现代国家，公债已成为政府弥补财政收入、筹集建设资金的重要渠道，但是，公债的购买以自愿为原则，一般不具有强制性。

（三）税收的法定性

税收的无偿性、强制性决定了税收的法定性。只有以法律形式明确纳税义务，才能真正体现税收的强制性，实现税收的无偿性，税收分配也才能做到规范、明确和具有可预测性。当然，税收的法定性也是由税收法定原则决定的。税收必然减少纳税人可供支配的财产，削弱其赖以自由发展的物质基础，必然产生国家征税权与纳税人财产权之间的紧张关系，因此，必须用法律予以规范。根据《中华人民共和国立法法》（以下简称《立法法》），税收属于法律保留事项。税收的法定性表现在，国家以法律的形式预先规定每个税种的纳税人、征税对象、计税依据、税率、纳税期限等，以规范税务机关、纳税人的征纳行为。纳税人的具体纳税义务是否成立取决于一定的纳税事实是否满足了税法规定的构成要件，而不是税务机关的职权核定行为。因此，税收的征收必须基于法律的规定，任何违反法律规定的征收行为都是无效的。

三、税的分类

现代国家普遍实行复合税制，复合税制下的税种形式多样、相互配合、相辅相成。我国也一直采用复合税制。1994 年税制改革后，我国实行以流转税和所得税为主导的复合税制，目前共设有 18 个税种。复合税制与现代税收目标功能的多样化直接相关。筹集财政资金是税收的首要、基础职能，调控经济、公平分配也是税收的重要职能。所谓税收的分类，就是按照一定的标准，将性质相近或相似的税种归并为同一类别。

（一）按课税对象的不同分类

按课税对象的不同，可分为商品和劳务税类、所得税类、资源税类、财产税和行为税类、特定目的税类。商品（货物）和劳务税是以商品生产、商品流通和劳动服务的流转额为课税对象的各个税种组成的总体，主要包括增值税、消费税。商品（货物）和劳务税又被称为流转税，目前在我国税种体系中处于主体地位。所得税是以纳税人在一定期间内的所得额为征税对象的各个税种组成的总体，包括企业所得税、个人所得税。资源税是以自然资源为课税对象的税种。财产和行为税是以纳税人所拥有或支配的财产以及对纳税人的某种特定行为为课税对象的一类税收。特定目的税是以纳税人的某些特定行为为课税对象的税种。

（二）按税负能否转嫁分类

按税负能否转嫁，可分为直接税和间接税。直接税一般是指税负不能转嫁的税种，如个人所得税、企业所得税等。直接税的纳税人既是纳税人又是负税人。间接税是指税负可转嫁的税种，如增值税、消费税等商品和劳务税。间接税的纳税人只是纳税人，一般不是税款的最终负担者。

（三）按计税依据分类

以计税依据为标准，可分为从价税和从量税。从价税即从价计征的税种，指以征税对象的价值量为计量依据，按一定比率计算征收的税种。其应纳税额随征税对象的价值量的变化而变动，如增值税、消费税、关税等。从量税即从量计征的税种，指以征税对象的数量、重量、容积或体积为计量依据来计算征收的税种。

（四）按税收与价格的关系分类

按税收与价格的关系，可分为价内税和价外税。价内税是指税金包含在商品价格之中，按含税价计征的税种，例如消费税。价外税是指税金附加在课税对象价格之外的税种，例如增值税、车辆购置税。

（五）按税收管理权限和收入归属分类

按税收管理权限和收入归属，可分为中央税、地方税、中央和地方共享税。中央税是指由中央政府负责征收管理并且税收收入归中央政府使用的税种。地方税是指由地方政府负责征收管理并且税收收入归地方政府支配使用的税种。中央和地方共享税是指由中央政府和地方政府共同享有并按一定比例在中央政府与地方政府间划分收入的税种。划分中央税、地方税和共享税，有利于按税种确定分级财政体制，使中央政府和地方政府都有固定的收入来源，是财税管理体制的重要内容。目前，在我国，中央税包括增值税（海关代征增值税部分）、企业所得税（中央企业、地方银行和外资银行及非银行金融企业、铁道部门、各银行总行、各保险总公司等缴纳的部分）、消费税、车辆购置税、关税、印花税（证券交易印花税）、船舶吨税；地方税包括房产税、车船税、契税、烟叶税、城镇土地使用税、耕地占用税、土地增值税、环境保护税；中央和地方共享税包括企业所得税（其他企业缴纳的部分）、个人所得税、资源税、印花税（证券交易印花税除外）、城市维护建设税。

第二节　税　权

《中华人民共和国宪法》（以下简称《宪法》）第 2 条规定："中华人民共和国的一切权力属于人民。"基于人民主权的宪法原则，税权属于人民。人民主权意义的税权在法律层面上展开为国家税权与公民税权。前者主要表现为税收权力，即国家征税权，后者表现为税收权利，包括财产权、生存权、知情权、筹划权等。需要明确的是，本书的研究范围限于国家税权。作为一种国家权力，税权是关于税收的立法权、征管权、司法权以及收益权等一系列子权力的集合。税权的各项子权力不可能完全集中于一个特定的国家机关，需要在不同国家机关之间进行配置，因此，税权的配置将在纵、横两个维度上展开。[①] 本章关注的是税权纵向配置问题，即税权在中央国家机关和地方国家机关之间的划分问题。虽然税权的纵向配置触及宪法层面的中央与地方的"两个积极性"问题乃至国家结构形式等深层问题，但是本书主要从政府间财政关系法

① 许善达．国家税收（第三版）［M］．北京：中国税务出版社，2007：107.

的角度切入，因此，在探析税权的内涵时，尚需厘清与税权密切相关的事权、财权等概念。

一、税权

由于研究和关注的视角不同，学界虽然对税权的内涵解释不一，在具体内容的理解上存在一定差异，但基本上都认为，税权在性质上属于一种公权力，税权的内容具有综合性，是一系列子权力的集合。

有学者主要从国家权力的经典划分出发，将立法权、行政权、司法权“投射”到税收领域，认为税权的内容包括税收立法权、税收执法权和税收司法权，分别由权力机关、行政机关和司法机关来行使。[①] 这三项权力的地位有所不同，即税收立法权是基础权力，税收执法权是最常用权力，而税收司法权则是税收法治的保障性权力。[②] 具体来说，税收立法权包括对税收法律规范的制定权、修改权和废止权等；税收执法权包括税收征管权、税收检查权、税收处罚权以及税务行政复议裁决权；税收司法权包括税收侦查权、税收诉讼权、税收审理权、税收判决权等。有学者认为，税权主要由税收立法权、税收政策制定权和税收征管权构成。[③] 其中，税收政策制定权，亦称为税政权，是国家税权不可或缺的组成部分。原因在于，我国税收法律体系不是很完整，在执法过程中需要制定某些政策作为对税收法律、法规的重要补充。即使税收法律体系比较健全，税法也难以涵盖全部税收政策，而且随着客观经济情况的变化，需要出台一些新的税收政策。

有学者从税权的财政意义出发，认为除了税收立法权、税收征管权外，税权还包括税收收益权。[④] 其中，税收征管权即税收的征收权和管理权，是资源从私人部门向公共部门转移的重要保障，也是国家最常行使的权力；税收收益权，也称为税收入库权，是因税收征管权的实现而

---

① 许善达等．中国税权研究［M］．北京：中国税务出版社，2003：17－202.

② 杨晓萌．提升税收治理能力视角下的税权划分优化［J］．税务研究，2018（4）：96.

③ 苏朋．中国地方税税权划分研究［J］．涉外税收，2000（5）：20.

④ 张守文．税权的定位与分配［J］．法商研究，2000（1）：45.

产生的权力。有学者进一步认为，在税收立法权、税收征管权和税收收益权中，税收收益权关系到税收收入的最终归属，是税权的核心。① 这是因为，税权属于财权，税收收入在财政收入中的重要地位决定了税权划分在财权划分中的重要作用，② 进而决定了税收收益权在税权中的重要地位。在税收法定原则的要求下，国家各部门如何行使税收征管权以及产生多少税收收益应该在行使税收立法权时随即确定。因此，为合理配置税收收益权，应注重税收立法权的协调优化、配套改革。③ 因此，作为税收立法权的执行结果，税收收益权的配置情况可以在一定程度上反映出税收立法权配置的优劣。强调税收收益权的重要地位与财政联邦制理论的立场是一致的。地方税权应该是税收立法权、税收征管权、税收收益权的集合，三者应该具有内在统一性。这主要体现为地方能够自主决定自己的税收收入水平，其中，核心是税率控制权。“如果地方（sub-national）政府制定并执行自己的税收——或者即使他们被允许对中央政府征收的税收按他们选择的税率征收附加税，他们也会影响获得收入的数量。……只有选择承担更高或更低的税收，地方辖区的居民才能选择他们想要的公共服务水平。因此，实行地方财政自治的一个重要先决条件是能够选择税率。”④

还有学者认为，税权的内容包括征税权和用税权。⑤ 征税权主要受来自代议机关所确定的税源、税基、税种、税目、税率的制约，同时也受到纳税人程序权利的抗衡；用税权主要应接受预算和审计方面的监督与控制，用税权的问题即税金的使用问题则关系到每一个纳税人的切身利益，它是一切有关税收活动的终点。

---

① 李林木．在寻求效率与公平的平衡中深化我国税制改革［J］．税务研究，2012（11）：29.

② 张春宇．从税权角度谈优化中央与地方政府间税收关系［J］．税务研究，2017（3）：107.

③ 刘蓉，周川力．论我国税权纵向配置的优化［J］．税务研究，2019（9）：12.

④ Charles E. McLure Jr. *The Tax Assignment Problem*：*Conceptual and Administrative Considerations in Achieving Subnational Fiscal Autonomy*［R］．World Bank，1999.

⑤ 刘丽．税权的宪政解读：概念重构抑或正本清源［J］．湖南大学学报（社会科学版），2011（6）：139－144.

二、事权

事权、财权、财力是政府间财政关系的三个基本要素，三者的配置是否合理、明确、规范，不仅是现代财政制度的重要内容，也是构建政府间财政关系法的基础。一级政府履行其事权，应该有相应的财权、财力相匹配。事权作为财权的前提和基础，决定了事权之于税权的基础地位。

（一）事权的内涵

财政学者一般从政府间财政关系的角度出发揭示事权的内涵。学者大多认为，事权就是一级政府的公共服务职责和财政支出责任，一级政府的公共服务职责即一级政府对一定范围内的公共事务进行管理的权力。具体就是，一级政府基于自身的地位和职能所享有的提供公共物品、管理公共事务的权力。哪级政府拥有该项公共服务的事权，哪级政府就应当为该项公共服务买单。但是，为该项服务买单，并不意味着就得亲自去干这件事，可以付钱让别人去干这件事。应当出钱买单的人，拥有该项事务的事权；真正落实这项事务的人，拥有该项事务的事责。①

党的十八届三中全会提出“财政是国家治理的基础和重要支柱”，财政学界开始将事权、财权、财力等与国家治理体系和治理能力现代化结合起来，重新诠释事权的内涵。有学者指出，通常所说的事权，就是国家公共权力，是一个广义的概念。即使将对事权的探讨落到财政领域内，也并不缩小事权作为国家公共权力的范畴。② 政府事权是一级政府管理国家事务的权力，是行政权的一种表现。③ 由于事权必然、必须联通至国家治理体系，事权划分就触及国家公共权力边界、国家公共权力的合理配置和规范运行等根本问题。由此一来，财政学者开始“跳出”

① 马海涛，任强，程岚．我国中央和地方财力分配的合意性：基于“事权”与“事责”角度的分析［J］．财政研究，2013（4）：3.

② 贾康，苏京春．现阶段我国中央与地方事权划分改革研究［J］．财经问题研究，2016（10）：72.

③ 徐阳光．论建立事权与支出责任相适应的法律制度——理论基础与立法路径［J］．清华法学，2014（5）：90.

财政领域，触及宪制问题。贾康、苏京春认为，《宪法》第 3 条第 4 款规定“中央和地方机构职权的划分，遵循在中央的统一领导下，充分发挥地方的主动性、积极性”，其中首先强调了“中央的统一领导”，其次强调发挥地方的主动性和积极性，内含我国中央与地方事权划分应以中央政府为主导之意。

财政学者对事权内涵的持续探究激发了法学者、政治学者对事权问题的研究。法学者认为，科学合理地划分各级政府事权是国家治理体系和治理能力现代化的重要内涵。各级政府事权规范化和法律化的最高形态是宪法，根本出发点也是宪法，因为中央与地方关系本身就是宪法所调整的重要内容。① 法学研究意图强化事权研究的法理分析和规范立场，实现事权划分由政策型划分模式向法理型划分模式转化。政治学者认为，“事权”一词是对政府承担的公共事务及相应权力的特有称谓。尽管对这一概念具有不同的理解，但是就其自身基本含义来讲，所谓事权，实际是指特定层级政府承担公共事务的职能、责任和权力。据此可知，不同层级政府之间的事权划分，实际是指公共事务及其相应实施权力在不同层级政府和行政区域间的区别性配置。② 宪法学、政治学等学科的加入拓宽了事权研究的视野和空间，逐渐形成了“大事权”的概念，使财政、财政法领域的事权研究获得了更多的理论资源和宏观支撑。

党的十八届四中全会在此基础上进一步提出“推进各级政府事权规范化、法律化，完善不同层级政府特别是中央和地方政府事权法律制度”。党的十八届五中全会则强调了中央事权，明确“适度加强中央事权和支出责任”。党的十九大报告提出：“加快建立现代财政制度，建立权责清晰、财力协调、区域均衡的中央和地方财政关系。”因此，加快建立现代财政制度，尚需稳扎稳打，夯实根基，合理配置事权、财权，特别是税权，构建完善的政府间财政关系法。

当然，事权的内涵和范围还涉及政府与市场、政府与社会的关系问

① 王建学．论地方政府事权的法理基础与宪法结构［J］．中国法学，2017（4）：124.

② 王浦劬．中央与地方事权划分的国别经验及其启示——基于六个国家经验的分析［J］．政治学研究，2016（5）：46.

题。《国务院关于推进中央与地方财政事权和支出责任划分改革的指导意见》（国发〔2016〕49号）明确提出，推进中央与地方财政事权和支出责任划分改革应“坚持有利于健全社会主义市场经济体制”，“要正确处理政府与市场、政府与社会的关系，合理确定政府提供基本公共服务的范围和方式，将应由市场或社会承担的事务，交由市场主体或社会力量承担”。因此，政府事权应将由市场或者社会能够承担的事务排除在外，这与辅助性原则的要求是一致的。

（二）事权的分类

以事权的享有主体为标准，可以把事权分为中央事权、地方事权和中央与地方共同事权。根据公共物品的层次性理论，可以确定市场经济中各级政府事权划分的大致框架。一般来说中央政府负责下列六个方面的事务：（1）全国性公共物品的提供；（2）外部效应波及全国的混合物品的提供；（3）再分配政策的实施；（4）稳定政策的实施；（5）全国性自然垄断行业的公共生产；（6）对地方财政的调控，包括缩小各个地区间有差别的财政净利益，实现各地区最低公共服务水平的均等化，引导或矫正地方财政行为使之符合中央的偏好与政策，弥补地方财政缺口。相应地，地方政府负责下列三个方面的事务：（1）地方性公共物品的提供；（2）外部效应限于地方的混合物品的提供；（3）地方性自然垄断行业的公共生产。有些公共物品的受益范围既具有地方性又具有全国性，如国道、国家级风景区等公共物品应由中央政府与地方政府共同提供。①

根据《国务院关于实行分税制财政管理体制的决定》（国发〔1993〕85号），中央财政主要承担国家安全、外交和中央国家机关运转所需经费，调整国民经济结构、协调地区发展、实施宏观调控所必需的支出以及由中央直接管理的事业发展支出。地方财政主要承担本地区政权机关运转所需支出以及本地区经济、事业发展所需支出。《国务院关于推进中央与地方财政事权和支出责任划分改革的指导意见》（国发〔2016〕49号）提出，“推进中央与地方财政事权划分”，包括“适度

① 王国清，吕伟．事权、财权、财力的界定及相互关系［J］．财经科学，2000（4）：22.

加强中央的财政事权”“保障地方履行财政事权”“减少并规范中央与地方共同财政事权”“建立财政事权划分动态调整机制”。

此外，以事权的支出资金来源为标准，可以把事权分为财政事权与非财政事权。所谓财政事权，是一级政府应承担的运用财政资金提供基本公共服务的任务和职责。从范围上看，政府事权大体上涵盖财政事权，同时还包括本级地区经济发展决策，重大项目立项决策，交通、环境、安全等其他专业部门所管事务的高层级管理职责。我国完善社会主义市场经济制度、加快政府职能转变、推进法治化需要一个过程，短期内全面推进事权和支出责任划分改革的条件尚未成熟，于是选择从财政事权入手来推进中央与地方事权划分，也就有了财政事权与非财政事权的类型划分。

三、财权

1994 年分税制改革确立了“事权与财权相结合”的原则。党的十九届四中全会提出“优化政府间事权和财权划分”。税权作为财权的主体，决定了税权配置在“优化政府间事权和财权划分”中的重要地位。税权不但是财权的主体，也是财力的基础。因此，只有把税权放在财权的框架中，才能把握税权的本质。为此，需要考察财权的内涵及其与事权的关系。

（一）财权的内涵

财权作为一项国家权力，不同于一般经济体的财务权能。何谓财权？有学者认为，从广义上看，财权可以理解为某一级政府所拥有的财政管理权限，包括财政收入权和支出权；从狭义上看，财权主要指财政收入权。① 有学者认为，财权是一级政府为满足一定支出需求而筹集财政收入的权力，包括税权和费权。② 多数学者认为，财权是一级政府为履行其公共管理职责而筹集和支配收入的财政权力，主要包括税权、收费权及发债权。还有学者认为，财权是取得收入的权力，它涉及税种在

① 王国清，吕伟．事权、财权、财力的界定及相互关系［J］．财经科学，2000（4）：22.

② 刘尚希，邢丽．解决县乡财政困难要因地而异［J］．中国改革，2005（12）：60.

各级政府间的划分和配置，以及地方必要的税种选择权、税率调整权、收费权等。①

学界普遍将税权作为财权的主体内容，这是值得肯定的。但是，需要检讨的是，学界将财权限定为一项行政权力，制约了财权在一级政权的国家机关之间的横向配置。实际上，财权并不是仅由行政机关来享有和行使的，作为同级国家权力机关的人大及其常委会也应享有一定的财权。同时，学界大多将财权限定为财政收入权失之偏颇，财政收入权与财政支出权就像硬币的两面，二者缺一不可，在一定程度上，财政支出权是财政收入权的目的、落脚点。因此，"事权与财权相结合"不仅包括事权与财政收入权相结合，更应该包括事权与财政支出权相结合。

（二）财权与事权

1994 年分税制改革确立了"事权与财权相结合"的原则。《国务院关于实行分税制财政管理体制的决定》（国发〔1993〕85 号）明确规定："根据事权与财权相结合的原则，按税种划分中央与地方的收入。"这意味着，"事权与财权相结合"原则的具体体现为"按税种划分中央与地方的收入"。但在具体实践中，该原则在中央国家机关和地方国家机关的落实呈现出不均衡的状态。1994 年分税制改革明确了中央事权，加强中央财权、税权，中央财政收入大幅增加。当然，这有利于加强中央宏观调控能力，实现区域均衡发展。但在地方政府层级，"事权与财权相结合"并不是很理想，主要表现为，事权在加强而财权、税权在削弱，地方财政收入在全国财政收入中的比重有所降低。《国务院关于推进中央与地方财政事权和支出责任划分改革的指导意见》（国发〔2016〕49 号）指出："新的形势下，现行的中央与地方财政事权和支出责任划分还不同程度存在不清晰、不合理、不规范等问题，主要表现在：政府职能定位不清，一些本可由市场调节或社会提供的事务，财政包揽过多，同时一些本应由政府承担的基本公共服务，财政承担不够；中央与地方财政事权和支出责任划分不尽合理，一些本应由中央直接负

① 李齐云，马万里．中国式财政分权体制下政府间财力与事权匹配研究［J］．理论学刊，2012（11）：38.

责的事务交给地方承担，一些宜由地方负责的事务，中央承担过多，地方没有担负起相应的支出责任；不少中央和地方提供基本公共服务的职责交叉重叠，共同承担的事项较多；省以下财政事权和支出责任划分不尽规范；有的财政事权和支出责任划分缺乏法律依据，法治化、规范化程度不高。”由此一来，推进分税制财政体制改革，落实事权与财权相结合原则以及合理配置事权、财权、财力，重点就落到了地方政府层级。总之，纵观近三十多年来的分税制改革和实践，事权与财权的“结合”在中央国家机关和地方国家机关分别呈现出不同的特点。

虽然 1994 年分税制改革确立的“事权与财权相结合”原则，得到了学界的普遍支持，① 但是从实际情况看，“事权与财权相结合”没有给地方带来与事权相匹配的财力。有学者指出，事权决定财权，两者具有一致性，但它们与财力之间是不对称的。② 更重要的是，财力要与事权相匹配。为此，有学者基于调查研究提出，对落后地区而言，最重要的是“财力与事权的匹配”，而不是通常认为的“财权与事权的匹配”。换言之，财力应下移，财权应上收。③ 有学者对此质疑，认为过分强调财力与事权相匹配可能对分税制改革造成误导。这是因为，从财权与财力的关系看，财权是基础，财力应属于财权运用中的实质内容，财力的配置首先属于财权范围内的制度安排。④ 鉴于此，有学者提出了兼顾两种观点的见解，认为应使得“转移支付后的财力和事责”相匹配，“财权（形成‘转移支付前的财力’）和事权”相匹配。⑤ 如此一来，财权与事权相匹配成为分税制改革的应然状态，而现实则是财力与事权相匹配。党的十七大报告提出“健全中央和地方财力与事权相匹配的体制”。于是，党的十七大以来，逐渐淡化了事权与财权相结合的表述。2008 年《关于深化行政管理体制改革的意见》提出，“按照财力与事权

① 有学者认为，分税制的完善在于财权与事权的统一。见李炜光．分税制的完善在于财权与事权的统一［J］．税务研究，2008（4）：13－15.

② 王国清，吕伟．事权、财权、财力的界定及相互关系［J］．财经科学，2000（4）：23.

③ 刘尚希，邢丽．解决县乡财政困难要因地而异［J］．中国改革，2005（12）：59.

④ 王恩奉．财力能否绕过财权直接与事权匹配值得商榷［J］．财政研究，2010（6）：53.

⑤ 马海涛．政府间事权与财力、财权划分的研究［J］．理论视野，2009（10）：35.

相匹配的原则，科学配置各级政府的财力”。在此之后，一直到2012年党的十八大报告提出的“健全中央和地方财力与事权相匹配的体制”，都是财力与事权相匹配的提法。

党的十八届三中全会对深化财税体制改革作出了全面部署，提出“建立事权和支出责任相适应的制度”，并与“改进预算管理制度”“完善税收制度”一同列为深化财税体制改革的三大任务。于是，“事权与支出责任相适应”成为近年来的主要提法。何谓支出责任？有学者认为，支出责任就是政府为完成事权职责而实际履行的资金支付和管理责任。[①]《国务院关于推进中央与地方财政事权和支出责任划分改革的指导意见》（国发〔2016〕49号）首先界定了财政事权，提出“支出责任是政府履行财政事权的支出义务和保障”，确定了财政事权和支出责任划分改革的具体任务、时间表和路线图。自2018年1月至今，国务院办公厅相继发布了基本公共服务、医疗卫生、科技、教育、交通运输、生态环境、文化、自然资源、应急救援等领域的中央与地方财政事权和支出责任划分改革方案，各省也相继出台了省与市县财政事权和支出责任划分改革方案。有学者指出，“事权与支出责任相适应”，体现了事权的履行需要以支出责任来实现，蕴含着“权责同构”的理念。[②] 先有事权后有支出责任，事权划分是支出责任划分的基础和依据；支出责任是事权得以落实到可操作层面的保障，支出责任的划分需与事权划分相一致。[③] 政府为履行事权而负有支出责任，当然离不开财力的支持，政府所拥有的财政资金是履行事权与承担支出责任的物质基础。

问题的关键是如何保障地方财力，财权便成为绕不开的话题。财权作为地方政府筹集和获得财政资金的权力，从根本上保障财力的充裕、支出责任的承担以及事权的履行。党的十九大报告提出，“加快建立现

---

① 徐阳光．论建立事权与支出责任相适应的法律制度——理论基础与立法路径［J］．清华法学，2014（5）：90.

② 李苗，崔军．政府间事权与支出责任划分：从错配到适配——兼论事权责任层次和权力要素的双重属性［J］．公共管理与政策评论，2018（4）：44.

③ 于树一，周俊铭．我国政府间财政事权与支出责任划分：一个理论综述［J］．财政监督，2018（5）：69.

代财政制度，建立权责清晰、财力协调、区域均衡的中央和地方财政关系”。党的十九届四中全会进一步明确提出：“优化政府间事权和财权划分，建立权责清晰、财力协调、区域均衡的中央和地方财政关系，形成稳定的各级政府事权、支出责任和财力相适应的制度。”2020 年 5 月，中共中央、国务院发布了《中共中央 国务院关于新时代加快完善社会主义市场经济体制的意见》，再次进行了强调。由此可见，“优化政府间事权和财权划分”在一定程度上是对 1994 年分税制改革确立的“事权与财权相结合”原则的回归，是进一步深化财政体制改革、构建现代财税制度的基础和关键。

第三节　地方税权

“优化政府间事权和财权划分”，当然包括税权划分。地方税权是中央与地方之间税权纵向配置的结果，是地方对税收所拥有的权力。可以说，当前“优化政府间事权和财权划分”的改革，难点是优化政府间税权的划分。在一定程度上，税权划分成为深化财政体制改革、构建现代财政制度的关键。因此，税权集中体制背景下，优化政府间税权划分主要就是确立地方税权。那么，什么是地方税权？这需要回答地方税权概念中的“地方”“税”“权”分别是什么。本书将从主体、客体、内容三个方面对地方税权的内涵做一般性探讨。

一、地方税权的主体

地方税权的主体，就是地方税权的享有和行使主体。地方税权的主体似乎是地方，但地方主要是相对于中央而言的地域性概念，因此，地方无法成为法律意义上的主体。地方税权的概念实际上表明，地方政府层级与中央政府层级一样，也拥有税权。从法律意义上讲，地方税权的主体只能是地方层级的国家机关。

（一）地方税权中的“地方”

从语义上看，地方税权是地方的税权。何谓地方？与中央相对而言，地方是层级意义上的概念。一般说来，在我国，除中央外，省、市、县乃至乡镇、村等层级都属于地方。从税权概念来看，中央税权意味着中央层级国家机关享有税权，地方税权是否意味着地方各层级国家机关也拥有税权？我国是单一制大国，除了中央以外，地方存在多个层级，而且地方之间差异性大，情况也非常复杂。因此，在财税法领域，将我国政府层级一分为二，即分为中央与地方，事实上，是将中央以下的其他政府层级笼统地称为地方。在国外，一般将政府层级划分为中央政府和中央以下层级政府，中央以下层级政府分为地区层级政府和地方层级政府。在联邦制国家，例如美国，中间层级是州政府；在单一制国家，中间层级是地区政府。因此，应该明确的是，在我国，通常所说的“地方”，是中央以下，与西方国家的“地方”是不同的。

在美国，联邦宪法第 10 条修正案规定：“宪法既未授予合众国，也未禁止各州行使的各项权力，分别由各州或人民保留。”因此，联邦的权力是由州让渡的，州未让渡的权力由州保留。联邦的权力是列举性的，州的权力则是概括性的。在美国，州拥有独立的税权。因此，美国在税权划分上属于典型的分权模式。联邦、州和地方分别管理各自的税收，州和地方政府在税收上拥有相对独立的权限。属于州政府的税种主要有：州公司所得税、州个人所得税、销售税、遗产税和继承税、机动车牌照税等。属于地方政府的税种主要包括个人所得税、公司所得税、财产税、赠与税等。税权划分的集权模式以法国、英国和韩国为代表，税收立法权和税收征管权全部集中于中央，地区和地方政府有一定的执法机动权和税收管理权，地方税收规模较小，对中央的依赖程度较大。分权与集权的兼顾模式以日本为代表，税法的立法权和税收管理权主要集中在中央，国家的基本税收制度和主要税收法规由国会制定颁布，地区和地方政府根据国会的法律制定属于地方税种的条例，并拥有决定开征和停征一些法律规定属于地方的税种，同时也拥有决定开征和停征一些法定外税种的权力。无论集权模式、分权模式还是分权与集权兼顾模式，均把税收的立法权和征收管理权集中在中央，对涉及中央与地区、地方共同立法的税收问题，中央制定原则性或有弹性的立法规定，允许地区和地方在不违背原则的情况下自主立法，使统一性和灵活性有机结合。①

《国务院关于实行分税制财政管理体制的决定》（国发〔1993〕85号）明确规定："中央税、共享税以及地方税的立法权都要集中在中央，以保证中央政令统一，维护全国统一市场和企业平等竞争。"因此，我国1994年分税制改革确立了税权集中的体制。有学者指出，分税制"充其量是一种税收分成制，划分预算收入和税收立法的权力全部集中在中央"。② 而且，中央财政收入远高于支出责任，而地方财政收入远低于支出责任，中央财政的自给率基本维持在地方财政自给率的五倍左右，税收收益的最后归属大部分集中于中央。③《国务院关于推进中央与地方财政事权和支出责任划分改革的指导意见》（国发〔2016〕49号）明确提出，"合理划分中央与地方财政事权和支出责任是政府有效提供基本公共服务的前提和保障，是建立现代财政制度的重要内容，是推进国家治理体系和治理能力现代化的客观需要"，并就"建立事权和支出责任相适应的制度、适度加强中央事权和支出责任、推进各级政府事权规范化法律化"，推进中央与地方财政事权和支出责任划分改革作出了具体安排。2022年4月，中央全面深化改革委员会审议通过《关于进一步推进省以下财政体制改革工作的指导意见》，积极推进省以下财政体制改革，具体包括省以下政府间收入划分、省以下政府间事权和支出责任划分、省以下政府间转移支付制度的安排、省以下财政管理以及相应的治理机制等，着力形成激励约束相容、权责匹配内洽的机制。可以预想的是，省以下层级的地方税权问题也将成为一个绕不开的议题。

---

① 汤贡亮，何杨，李俊英．借鉴OECD成员国经验，完善我国地方税税权划分［J］．涉外税务，2012（1）：15.

② 叶姗．税权集中的形成及其强化——考察近20年的税收规范性文件［J］．中外法学，2012（4）：784－787.

③ 陈少克，翁斌．财税法视角下税权配置及其优化进路［J］．地方财政研究，2020（7）：59.

（二）地方税权的横向配置

所谓地方税权的横向配置，是指税权在同一地方层级的国家机关之间配置。这涉及法律意义上的地方税权主体以及地方税权的具体行使问题。在法律确定的税权纵向配置框架内，某一地方层级的国家机关之间的横向配置是税权纵向配置的自然延伸和必然要求。

从我国的实际情况看，税权集中于中央层级的国家机关，并不意味着没有地方税权的存在空间。虽然《立法法》第 8 条规定“税种的设立、税率的确定和税收征收管理等税收基本制度”只能制定法律，而且该法第 9 条确立了横向特别授权而未规定纵向特别授权，即全国人大及其常委会可以授权国务院制定税收方面的行政法规，但是一些税种单行法确立了法条纵向授权的方式，从而使地方享有一定的税收立法权。以《环境保护税法》为例，该法第 6 条第 2 款规定：“应税大气污染物和水污染物的具体适用税额的确定和调整，由省、自治区、直辖市人民政府统筹考虑本地区环境承载能力、污染物排放现状和经济社会生态发展目标要求，在本法所附《环境保护税税目税额表》规定的税额幅度内提出，报同级人民代表大会常务委员会决定，并报全国人民代表大会常务委员会和国务院备案。”第 9 条第 3 款规定：“省、自治区、直辖市人民政府根据本地区污染物减排的特殊需要，可以增加同一排放口征收环境保护税的应税污染物项目数，报同级人民代表大会常务委员会决定，并报全国人民代表大会常务委员会和国务院备案。”由此可见，作为地方税，环境保护税的税权地方配置结构是省级政府提出建议，由同级人大常委会决定，并向全国人大常委会与国务院备案。有学者认为，环境保护税法的示范效应明显，由环境保护税法开启的税权配置新实践，其价值已超越个案层级，对当前大规模税收立法全局皆有积极意义。①

二、地方税权的客体

地方税权的客体是地方税权指向的对象，即地方对“什么”享有

① 侯卓，黄家强．中国税权配置的内在逻辑与规范理路——控权论和授权论的融贯分析［J］．中共中央党校（国家行政学院）学报，2020（2）：116.

税权，简言之，就是地方税权概念中的“税”是什么。

首先，地方税权最主要的客体是地方税。一方面，地方税是地方税权的产物。没有地方税权，就不会有真正意义上的地方税，这是因为，没有地方税权内核的地方税只是中央转移支付的特殊手段而已。另一方面，地方税是地方税权的基础。没有事理意义上的地方税，就不可能有地方税权的存在。例如，房地产税属于地方税，地方对其享有税权，就是因为房地产税属于典型的受益税。因此，从一定程度上看，中央政府与地方政府之间财权乃至税权划分不是权力博弈、利益争夺的结果，而是由规律性的事理基础决定的。那么，基于事理，哪些税种应该属于地方税，并由地方行使相应的税权？财政联邦制的税收分配理论提供了一些有益的指导。其中，最主要的就是受益性原则。房地产税、财产税、零售税、非累进性的个人所得税等受益性税收都属于比较典型的地方税。根据我国现行税法，房产税、印花税（不含证券交易印花税）、资源税、城市维护建设税、城镇土地使用税、土地增值税、车船税、耕地占用税、契税、烟叶税属于地方税。

地方税权的客体是地方税，基本上是学界预设的前提或默认的结论，因为大家往往是在地方税之上探讨地方税权问题。刘剑文教授在探讨基于纵向授权的地方税收立法的机制设计时，针对的就是地方税立法。[①] 从现行法律来看，地方有限的税权也是以地方税为基础的。在域外国家，地方税权的客体一般也是地方税。在日本、韩国，在满足中央设定的条件和程序后，地方有权自主立法开征地方税。在美国，只要不触及州际贸易条款，州和地方都享有地方税的立法权。

其次，共享税在一定程度上应成为地方税权的客体。根据我国现行法律法规，基于法条纵向授权，地方在一定条件下对中央与地方共享税拥有有限的税权。根据《个人所得税法》第 5 条，对“残疾、孤老人员和烈属的所得”“因自然灾害遭受重大损失的”，可以减征个人所得税，具体幅度和期限，由省、自治区、直辖市人民政府规定，并报同级人民代表大会常务委员会备案。《企业所得税法》第 29 条规定：“民族

① 刘剑文. 地方税立法的纵向授权机制设计［J］. 北京大学学报（哲学社会科学版），2016（5）：113－120.

自治地方的自治机关对本民族自治地方的企业应缴纳的企业所得税中属于地方分享的部分，可以决定减征或者免征。自治州、自治县决定减征或者免征的，须报省、自治区、直辖市人民政府批准。”根据《增值税暂行条例实施细则》第 37 条，省、自治区、直辖市财政厅（局）和国家税务局应在规定的幅度内，根据实际情况确定本地区适用的范围限于个人的增值税起征点，并报财政部、国家税务总局备案。

在共享税的制度安排中，地方对税收分享比例能否拥有一定的税权？在 OECD 国家，共享税设计会涉及地方政府的不同程度的税收自主权。在实践中，低层级政府的税收自主权水平在很大程度上取决于是否需要它们的同意才能对支配它们在特定税收收入总额中所占份额的公式做出任何改变。在共享税的制度安排中，单个地方政府不能设定税率和税基，但是它们可以有权一起协商它们的共同份额。这种权力在各国之间差别很大，从地方政府完全有权控制其份额的安排，到由中央政府单方面设定和修改份额的安排。分配公式通常被写入宪法，只有在所有或多数地方政府同意的情况下才能改变。但在其他国家，不论是否有地方政府参与事先谈判，分享公式的修改都比较容易实现。① 因此，总的来看，在 OECD 国家，与自主性的地方税相比，地方政府对共享税所享有的税权要小得多，但这不能否认共享税作为地方税权客体的地位。

最后，中央税不应成为地方税权的客体。在我国，消费税、进口环节增值税和关税、船舶吨税、车辆购置税、证券交易印花税等属于中央税。当然，消费税有一定的地方受益性，将来有可能成为中央与地方共享税。

行政收费、政府性基金等能否成为地方税权的客体？有学者认为，针对我国税费界限不清的现状，研究税权问题，必须区分税权与费权，划分税与费的界限，把具有税收性质的各种国家收入都视同税收，从实质上把握税收的范围，统筹考虑税收和具有税收性质的国家收费。② 从

① Hansjörg Blöchliger. Fiscal Autonomy of Sub-central Governments [R]. OECD Network on Fiscal Relations Across Levels of Government. OECD Working Paper, 2006 (2).

② 许善达等著. 中国税权研究 [M]. 北京：中国税务出版社，2003：3 – 17.

实质上来看，具有税收性质的费也应该纳入地方税权的客体范围。有学者提出了法定外地方税的概念，用以指称具有税收性质的费、基金等，并将地方税立法作类型化区分，具体划分为法定地方税立法和法定外地方税立法；并且认为，法定外地方税立法权不仅应在《立法法》的一般性授权下运行，而且需要以地方税通则作为准则性依据。同时，法定外地方税的立法需要遵循地方税条例主义，并以地方性法规明确法定外地方税的构成要素。①

将具有税收性质的费、基金纳入地方税权的客体范围，有利于防止地方政府利用费权、基金权脱离税法的拘束，有利于推动我国财税制度的法治化、现代化进程。但是，从本质上看，不具有税收性质的费、基金不应纳入税权客体的范围，费权、基金权应该由相应的法律予以规范和保障。当然，也不应将地方债等纳入地方税权的范围，不应泛化地方税权的客体。

三、地方税权的内容

地方税权的内容，即如何理解地方税权概念中的“权”。一方面，地方税权作为一项公权力，其内容是由税权的客体决定的。换句话说，税权的客体不同，税权的内容也不同。正如前文所述，当税权的客体是地方税时，地方税权的内容应该具有法定性、自主性。当共享税作为税权客体时，地方税权的内容主要是参与性或者协商性的。另一方面，从税权内容的类型来看，分类标准不同，税权呈现出来的内容也不同。从法学的角度看，地方税权可以分为税收立法权、税收行政权和税收司法权；从财政的角度看，地方税权包括税收管辖权、税收征管权和税收收益权。前者主要是一种形式上的观察，其中，税收立法权居于基础、核心地位；后者则是实质性的考察，其中，税收收益权最为重要。

联邦制国家的地区和地方拥有较大的税收立法自主权，例如，美国的州就具有相对独立的自主性税收立法权。在单一制国家，地方的税收立法权主要是通过法律授权来实现的。日本《地方税法》规定，地方

① 毕金平．论我国法定外地方税立法权的证成与实践［J］．法学论坛，2017（6）：105.

除了征收法定地方税，还具有在一定条件下开征或变更法定外地方税的权限；法国则通过 2003 年修宪增加了对地方税收立法权的有关规定。从税收收益权来看，税收收益权是税收立法权的目的和归宿。地方享有税收立法权的大小决定了地方税收收益权的多少。地方能够通过行使税收立法权来控制自己税收收入的多少进而决定提供公共服务的水平是地方财政自主乃至地方自治的核心内容。为此，在一定程度上，保障税收收益权反过来成为地方税收立法权的存在依据。地方税收立法授权的标准实质上是税收收益权标准，由中央政府根据税收收益权的归属决定是否授予地方税收立法权及授权范围的大小。对地方税而言，中央政府不享有税收收益权，故而可将税目、税率、计税依据等对税收收入影响较大的税收要素的立法权授权地方行使。①

① 黎江虹，沈斌．地方税收立法权的价值功能转向［J］．法学，2019（7）：70.

第二章

地方税权与税收分配理论

财政是国家治理的基础和重要支柱。科学的财政体制是优化资源配置、维护市场统一、促进社会公平、实现国家长治久安的制度保障。作为现代国家治理体系的重要组成部分，现代财政制度决定着国家治理能力的高低。新一轮财税体制改革的核心在于，推进国家治理体系和治理能力现代化，实现高质量发展，从而全面推动建设社会主义现代化国家。建立事权与财权相统一的财政体制，根据各级政府事权进一步科学地划分财权是实现财政治理现代化的关键。作为地方政府财权的主体，地方税权对于构建现代财政制度、实现财税法治、推进国家治理现代化具有非常重要的意义。有学者将财政分权理论、税收法定主义、“两个积极性”原则作为地方税权的理论基础。[①] 也有学者认为，税权划分的理论依据包括公共物品的层次性和政府经济职能分工的要求、正确处理集权与分权关系的要求。[②] 地方税权是财政分权的核心内容，探讨财政分权问题，有助于阐明地方税权的理论基础。有学者认为，财政分权的

① 李俊英，鲍晓敏．赋予地方税权的法治路径研究［J］．地方财政研究，2020（5）：18－19.

② 邹蓉．税权划分完善与地方适度分权［J］．经济体制改革，2014（4）：34－37.

理论基础包括公共物品理论与地方财政的自主性、地方自治理论与地方财政的独立性、公民基本权利实现的均等化与财政均衡。① 有学者将税权划分的理论基础界定为财政分权理论。② 还有学者阐述了地方税权的经济学、政治学、宪制理论、法律理论基础。③ 总体来看，学界普遍将财政分权理论作为地方税权的理论基础，这是值得肯定的。还需深入到财政分权理论内部，探讨财政联邦制理论有关税收分配理论，为地方税权奠定坚实的理论基础。

第一节 财政联邦制理论的是与非

近年来，在世界范围内，财政分权化的趋势越来越明显。可以说，我国 1994 年分税制改革是世界范围内财政分权实践的典范。财政分权作为一种制度现象，其理论基础是什么？虽然可以笼统地称之为“财政分权理论”，但关键的问题是何种财政分权理论？可以说存在多种解释。其中，最具有说服力、影响力的是财政联邦制理论，或者称之为财政联邦主义。因此，应该明确将财政联邦制理论作为财政分权乃至地方税权配置的理论基础。

需要交代的是，财政联邦制理论的提法可能会有一定的误导性，因为该称谓易于让人联想到其只能解释联邦制国家的财政分权实践。有学者认为，分税制是中国版的财政分权，更多地是从我国实际出发，根据我国的国情创造出来的，并不是财政联邦主义在中国的实践，不能用财政联邦主义的眼光看我国的分税制。主要理由是，财政联邦主义解释的是西方市场经济国家，尤其是美国的财政分权，或者说是在西方财政分权实践基础上总结出来的理论。财政分权的历史前提、逻辑起点、内

① 刘剑文等．中央与地方财政分权法律问题研究［M］．北京：人民出版社，2009：28－46.

② 张青，林颖，魏涛．中国税权划分改革研究［M］．北京：经济科学出版社，2013：30－45.

③ 姜孟亚．我国地方税权的确立及其运行机制研究［M］．北京：中国人民大学出版社，2013：98－104.

容、方式等，与我国都是不同的。西方的财政联邦主义与联邦制的政治架构是紧密地联系在一起的，其逻辑起点是解决市场失灵，通过财政分权让地方政府更有效地提供公共物品，并满足当地居民对公共物品的不同偏好。我国实行财政分权，不是为了解决“市场失灵”，而是为了解决从高度集中的计划经济体制向社会主义市场经济体制转轨过程中的“计划失灵”；财政分权的目标不是指向公共物品的提供问题，而是希望借助市场机制的作用，提高经济效率，促进经济增长，加快我国的发展。此外，财政联邦主义是建立在政治分权基础上的，与我国单一制下的行政分权有本质不同。①

财政联邦制理论的确是源于西方的财政分权实践，但没有理由将财政联邦制理论限定于西方联邦制的国家结构形式，更应该看到我国快速发展的财政分权制度实践。其实，只要存在政府的层级治理，就会存在财政分权，财政联邦制理论就有其解释力，即便在单一制国家。财政联邦制理论的经典作家早就阐明，“每一个财政制度事实上都是联邦的，或者说至少具有联邦的成分。……所有的财政制度都不会对财政联邦主义的研究置若罔闻”。② “从经济学角度看，几乎所有的制度均为联邦制”。③ 因此，只要存在多个政府层级，而且不同层级的政府承担不同的事权、支出责任，那么，财政联邦制就是一种具有说服力、普遍性的经济分析理论。基于此，国内外一些学者把中国的财政体制视为财政联邦制或准联邦制。④ 在运用财政联邦制理论解读中国财政体制和改革发展的学者当中影响力最大的是钱颖一和温格斯特（Barry R. Weingast），他们提出了“市场维护型联邦制”的概念。他们认为，一个国家是否属于联邦制国家对于市场维护型联邦制并不重要，市场维护型联邦制的基本条件包括：（1）存在一个政府层级体系；（2）中央政府与地方政府之间存在权力划分，任何一级政府都不拥有绝对的制定政策法规的垄

---

① 刘尚希．分税制的是与非［J］．经济参考研究，2012（7）：25.

② ［美］华莱士·E. 奥茨．财政联邦主义［M］．陆符嘉译．北京：译林出版社，2012：7.

③ ［美］华莱士·E. 奥茨．财政联邦主义［M］．陆符嘉译．北京：译林出版社，2012：23－24.

④ 孙大光，冯兴元．财政联邦制理论反思及其对中国财政体制的应用［J］．广东财经大学学报，2010（1）：24－31.

断权，同时又在自己的权力范围内享有充分的自主权；（3）制度化的地方自主权对中央政府的权力形成强有力的制约，使得中央与地方的权力分配具有可信的持久性；（4）地方政府在其他区域范围内对地方经济负有主要责任，同时，一个统一的全国市场使得产品和要素可以跨地区自由流动；（5）各级政府都面对着硬预算约束。[①] 他们认为，尽管在满足全国统一市场和硬预算约束条件方面还存在一些不足，如地方保护主义、过度的信贷和货币供应量等，但中国基本上具有市场维护型联邦制的重要特征。[②] 当然，客观上也存在硬预算约束不足等问题。钱颖一认为，中国的分权化方向应该是有中国特色的维护市场的经济联邦制，即有效地支持市场经济运行的、制度化的、规范化的分权化体制。[③]

1994 年分税制改革以来的发展实践证明，我国的财政体制乃至经济体制改革正沿着市场维护型联邦制的要求不断改进，甚至有所突破，这表明，财政联邦制理论具有越来越强的说服力。2014 年修订的《中华人民共和国预算法》（以下简称《预算法》）确立了“一级政府一级预算”的原则和制度框架，为推进财政分权奠定了坚实的基础；《国务院关于推进中央与地方财政事权和支出责任划分改革的指导意见》（国发〔2016〕49 号）使中央与地方之间的财政事权、支出责任划分趋于规范化、科学化，财政分权理论、受益性原则得到了较为充分的体现和运用；《国务院关于加强地方政府性债务管理的意见》（国发〔2014〕43 号）为实现硬预算约束提供了制度保障；中共中央、国务院于 2020 年 5 月发布了《中共中央 国务院关于新时代加快完善社会主义市场经济体制的意见》，于 2022 年 4 月发布了《中共中央 国务院关于加快建设全国统一大市场的意见》，这直接表达了党中央、国务院对于维护市场型联邦制所要求的“统一的全国大市场”的立场、决心和举措。特别是党的十八届三中全会提出“财政是国家治理的基础和重要支柱”，党的十九届四中全会通过了《中共中央关于坚持和完善中国特色社会

① 钱颖一．现代经济学与中国经济改革［M］．北京：中信出版集团股份有限公司，2018：263－264.

② 李庆霞．中国特色财政联邦制：争议及反思［J］．财政研究，2011（3）：25.

③ 钱颖一．现代经济学与中国经济改革［M］．北京：中信出版集团股份有限公司，2018：276.

主义制度 推进国家治理体系和治理能力现代化若干重大问题的决定》，超越了第一代财政联邦制理论的经济学视野，将财政分权、地方税、地方税权等问题纳入了国家治理现代化的层面，与第二代财政联邦制理论所强调的民主价值、地方自治、问责制等形成了高度契合。

总之，应该重视和发挥财政联邦制理论对我国财政分权理论和实践的指导意义，努力推进我国财税体制改革，构建现代财政制度，积极推进国家治理现代化。

第二节　第一代财政联邦制税收分配理论

不论是第一代财政联邦制理论，还是第二代财政联邦制理论，都涉及税收分配（tax assignment）问题。税收分配主要不是收入分配问题，而是税权划分问题，因为收入分配只不过是税权划分的结果。根据财政联邦制理论，某个税种被分配给某层级的地方政府，意味着该地方政府对其享有税权。

一、第一代财政联邦制理论的主要观点

财政联邦制理论产生于20世纪50年代，根植于当时盛行的公共财政理论。当私人市场体系由于各种各样的公共物品问题而失灵时，政府应该介入并引入适当的政策措施来纠正这些失灵。保罗·萨缪尔森（Paul Samuelson）关于公共物品的性质的论述，肯尼斯·阿罗（Kenneth Arrow）关于私人部门和公共部门的作用的概念模型，特别是马斯格雷夫（Richard A. Musgrave）在其经典著作《公共财政理论》中关于财政职能的论述，构成了公共财政理论的基础框架。马斯格雷夫（Richard A. Musgrave）指出，从观念上讲，政府的职能应划分为宏观经济稳定、收入再分配和资源配置三种职能或“部门”。稳定部门是确保实现高就业率和价格稳定，分配部门是实现收入的公平分配，配置部门是确保资源得到有效利用。这些经典论述确立了公共经济学的理论框

架，而公共经济学又构成了财政联邦制的理论基础。“作为公共财政的一个分支，财政联邦制解决的是公共部门的纵向结构问题。”① 问题的关键是，在多层级的政府之间，政府的哪些职能和政策工具最适合于集权？哪些最适合于分权？就政府职能而言，第一代财政联邦制理论认为，中央政府在宏观经济稳定政策中发挥主导作用，引入收入再分配的基本措施，并保障国家层面的有效的公共物品产出水平，地方政府则负责地方性公共物品的供给。就相关政策工具来说，财政联邦制理论处理的主要是财政、税收问题。

首先，政府的宏观经济稳定职能应该分配给中央政府。在高度开放的市场经济条件下，由于缺乏货币特权，借款能力有限，缺乏印钞能力，地方政府影响地方就业和物价水平的能力非常有限。地方政府通常不能在其管辖范围内对宏观经济状况产生太大影响，因此没有理由去尝试，而且地方政府所尝试的宏观经济政策的大部分效果将会“溢”出该地区。即使地方政府有能力和动力来增进稳定，它们也难以经常通过执行扩张性政策进行赤字筹资，除非它们的借款得到中央政府的支持。如果中央政府确实支持它们借贷，地方政府通常会产生不负责任的行为，进而威胁国家的宏观经济稳定。②

其次，收入再分配职能也应该主要分配给中央政府。家庭和公司的流动性限制了分权的地方政府的再分配潜力。地方政府的再分配尝试可能不会成功，它们可能会扭曲经济资源的地理分配。在地方，针对富人的累进税可能会把资本和高收入者赶跑。例如，一个激进的地方政府项目，将收入从富人向穷人重新分配，对富裕家庭向外迁移和低收入家庭向内迁移必然形成一定的激励机制。因此，分权的地方政府在再分配和宏观经济政策方面发挥支持作用的余地不大。

最后，就资源配置职能来说，中央政府负责全国性公共物品的供给，地方政府负责地方性公共物品的供给。与中央政府在所有辖区提供

① ［美］华莱士·E. 奥茨. 财政联邦制述评［J］. 刘承礼译. 经济社会体制比较，2011（5）：13.

② Charles E. McLure Jr. The Tax Assignment Problem：Conceptual and Administrative Considerations in Achieving Subnational Fiscal Autonomy［R］. *World Bank*，1999.

单一、统一的公共物品相比，地方政府根据辖区的需求（和特定条件）确定地方公共物品的产出结果，显然将提供更高水平的社会福利。也就是说，根据地方的偏好而采取不同的地方供给模式，将优于在所有辖区采用中央政府决定的、统一的产出水平的供给模式。奥茨（Wallace E. Oates）称之为分权定理。[①] 该定理假定，地方供给的替代方案是由中央政府决定统一的公共产出水平。如果中央政府拥有完善的信息，人们可以设想这样一种结果，即中央政府通过自己的代理人，在每个辖区实现地方公共物品的帕累托效率水平。经济学和政治学的文献反对这一结论。第一个理由是信息问题。地方政府更接近它们的选民，对地方居民的偏好或需求以及地方的其他条件有更好的了解。对于中央政府来说，要在无数分散的辖区确定居民的特殊偏好是困难的。因此，基于信息不对称，地方政府更了解本地区居民的偏好和其他情况，而中央政府不可能掌握这些信息。第二个理由更具有政治性。中央政府受到政治上的限制，通常无法在一个辖区提供比另一个辖区更慷慨的公共物品。在全国范围内平等对待各个地区，这使得中央政府很难在不同辖区之间改变公共供给水平。因此，存在一种政治约束，阻止中央政府在不同辖区建立一种帕累托效率的产出模式。分权的地方政府的主要职能就是提供地方公共物品，地方公共物品的消费主要限于它们自己的选民。理想的状态是：不同层级的政府提供有效的公共物品，这些公共物品的受益空间包含在其管辖的地理范围内。这样的结果被称为“完全映射”，奥尔森（Mancur Olsons）称之为“财政等价”。

由于有一些地方公共物品的消费在不同区域间变化，因此，几乎不可能有一个政府的辖区完全符合每一个地方公共物品的地理受益空间。特别是一些地方公共物品（如道路和清洁河流）可以产生辖区间的利益溢出，从而为其他辖区的居民提供福利。第一代财政联邦制理论用庇古补贴理论解决这个问题，即中央政府应该向地方政府提供补贴，使这些收益内在化。如果地方公共物品的输出伴随着跨辖区的溢出效益，适当的补贴将鼓励分权的地方政府将地方公共物品的供给扩大到有效的水

① Wallace E. Oates. Toward A Second-Generation Theory of Fiscal Federalism [J]. *International Tax and Public Finance*, 2005 (12): 350－355.

平，也就是说，为了追求地方利益的最大化，受资助的地方政府会把这种地方公共物品的供给扩大到整个社会的边际社会福利等于边际成本的程度。

源于公共经济学的第一代财政联邦制理论隐含的假定是，作为公共利益保管人的政府及其工作人员会追求最大限度地增加社会福利，这可能是出于某种善意，也可能是由于民主制度中的选举压力。公共经济学家的工作主要是诊断问题的根源，提出适当的补救办法，然后留给政府官员来开药方。仁慈型政府的假设意味着，仁慈的中央政府负责收入公平分配和宏观经济稳定，并提供全国性的公共物品，同意地方政府提供地方性公共物品，对于地方性公共物品的溢出效应，将给予适当的补贴以鼓励地方政府提供公共物品到最有效的水平，同时对于地方政府间的不平衡提供均等化补贴。仁慈的地方政府会利用信息优势提供地方性公共物品满足地方居民的偏好，并努力将其所代表的选民的利益最大化。总之，中央政府和地方政府只要具备适当的职能和所需要的财政工具，就会被期待追求福利最大化的效果。

二、第一代财政联邦制税收分配理论

马斯格雷夫（Richard A. Musgrave）在其 1959 年出版的经典著作《公共财政理论》中将政府财政的职能目标划分为宏观经济稳定、收入再分配和资源配置，直到 1983 年，他才开始讨论多层级政府之间的税收分配问题。[①] 在三大职能在中央政府与地方政府之间实现合理化配置之后，需要讨论的问题便是，将某种税收分配给哪一层级政府取决于是否有利于该层级政府职能的实现。

对稳定经济影响最大的税种是企业所得税和累进个人所得税，前者是因为企业利润波动幅度大于一般经济状况的波动，后者是因为累进税率（包括免税金额）的稳定器作用。这就意味着这两种税一般应该分配给中央政府。由于地方政府一般不能影响、调控宏观经济，也很难适

① Richard A. Musgrave. *Who Should Tax, Where and What*? [A]. In Mclure, C. E. eds. Tax Assignment in Federal Countries [C]. Canberra: Centre for Research on Federal Financial Relations. Australian National University, 1983: 201 – 219.

应税收收入的大幅波动，因此，它们就相对依赖对宏观经济状况不敏感的收入来源，包括一些与消费有关的税种，如一般销售税、财产税。中央政府（在某种程度上，也包括其他更高级别的政府，如省或州）有更大的余地使用累进所得税等作为更广泛的收入再分配计划的一部分，因此，累进所得税应该分配给中央或者较高层级的政府。从公平和效率来看，地方政府提供地方公共物品，应尽可能由使用者付费，相关税费应尽可能反映公共服务的成本和效益。换言之，与收益有关的税收的适当分配取决于支出职能的分配，因此，每一层级的政府都应该分配得到与其支出的收益相关的税收，最好的例子是，对机动车和机动车燃料征收的税，这些税用于普通道路和高速公路的建设和维修。

第一代财政联邦制理论关注和研究税收分配问题，基于这样一个理论前提，即地方政府提供地方性公共物品，有权制定相应的筹资规则，进而拥有相对独立的财源。倘若地方政府提供地方性公共物品所需资金全部或者主要来自中央政府，或者由中央政府提供保障，则不存在税收分配问题了。在此情形下，地方政府完全成为中央政府的代理人。基于这样一个理论前提，第一代财政联邦制理论认为，地方税收筹资的黄金法则是税收的受益性原则，即所缴纳的税收与从地方公共支出中获得的收益是等价的。这个黄金法则从何而来？要从根源上解释这一点，就需要从纯公共物品的林达尔定价理论框架开始。考虑到个体对公共物品的需求不同，这些价格可能会导致不同的偏好数量。然而，对于纯公共物品，均衡要求所有个体必须以相同的数量消费该物品。当公布的价格导致所有个体都要求相同的效用，即公共物品的数量最大化时，均衡就会实现。公共物品的最佳生产水平是由社会总需求曲线与社会总供给曲线相交之处决定的。① 林达尔价格是由个体需求曲线的高度来衡量的，与公共物品的最优数量相对应，它等于所有个体的边际收益。在一般均衡的背景下，这相当于公共物品有效供给的萨缪尔森条件。这使得林达尔定价法成为解决公共物品定价问题的有效方法。原则上，林达尔的解决方案可以通过个人自愿支付（如在私人市场）来实现；然而，公共物

① 佘永定等．西方经济学［M］．北京：经济科学出版社，2003：269.

品的非排他性使得搭便车行为成为可能。为了解决这个问题，需要用强制性税收取代自愿支付。两种结果的等价性将通过征收每个人的与其自愿结果（如果显示出偏好）所产生的价格相等的税收得到保证。从这个角度来看，林达尔价格实际上成为基于边际收益的受益税。① 然而，关键的问题是，地方政府能否实行林达尔税？当地方政府拥有完全信息或者居民拥有完全流动性时，林达尔税是可以实现的。因此，在满足林达尔税（完全的受益税）所需条件的所有情形下，第一代财政联邦制理论应该不需要税收分配理论。然而，现实中往往不具备实施林达尔税的条件，由于不能征收受益税，第一代财政联邦制理论不得不寻找其他一些标准来资助地方性公共物品，于是，就出现了税收分配理论。由此可见，第一代财政联邦制的税收分配理论源于受益税的不适用性。② 例如，地方税不能主要用于实现收入再分配；地方税应在非流动税基上使用；地方政府必须拥有均匀分配的税基；地方税的税负不能输出。

奥茨（Wallace E. Oates）将第一代财政联邦制理论关于税收分配的一般规则归纳为：（1）低层级的政府应尽可能对流动经济要素，包括家庭和生产的流动要素，课征受益税；（2）如果非受益税需要用于流动经济要素，则可能是为了再分配，而且应该由更高层级的政府课征；（3）如果地方政府征收非受益税，应该在相对固定的税基上征收。③ 这些规则导致的结果是，税收分配倾向于中央政府而不是地方政府，公司所得税、累进型个人所得税、分配不均的自然资源税都应该由中央政府征收，地方政府应该主要依靠使用者付费和对不动产的课税，而州或者地区政府可以对最终消费者征收一般零售税。④ 马斯格雷夫（Richard

---

① Paolo Liberati. "Which Tax" or "Which Tax for What?": Tax Assignment in the Theory of Fiscal Federalism [J]. *Public Finance Review*, 2011, 39 (3): 368.

② Paolo Liberati. "Which Tax" or "Which Tax for What?": Tax Assignment in the Theory of Fiscal Federalism [J]. *Public Finance Review*, 2011, 39 (3): 370.

③ Wallace E. Oates. Taxation in a Federal System: The Tax-assignment Problem [J]. *Public Economics Review*, 1996 (1): 36.

④ Richard M. Bird. *Rethinking Subnational Taxes——A New Look at Tax Assignment* [R]. IMF Working Paper, 1999.

A. Musgrave）和奥茨（Wallace E. Oates）发表的公共财政理论文献提出了这样一种税收分配制度，地方或地区政府即便对支出有实质的控制，也只征收很少的税。[①] 此外，对消费、贸易、劳工和资本等可能流动的税基征收地方税收，通常会扭曲经济，从而降低国民福利，也不支持向地方分配税收。因此，第一代财政联邦制的税收分配理论在本质上是倾向于中央集权化的税收分配理论。由此一来，地方税问题逐渐成为财政联邦制税收分配理论关注的焦点问题。

基于仁慈地方政府的假设，被分配给地方政府的税收将得到有效使用，用于实现人们的最佳利益。然而，同样仁慈的假设也意味着，地方政府如果能得到无条件的中央资金，也应该以同样的福利最大化的方式来使用这些资金，并满足地方居民的个人偏好。问题是，分配的税收能优先于转移支付、税收分享吗？这决定了税收分配理论的存废问题，因为如果分配的税收不能优先于其他获得资金的方式，就意味着不需要税收分配理论了。从第一代财政联邦制理论看来，不存在更倾向于地方税而非中央资金的强大理论基础，也不存在假设它们在资助特定水平的地方支出时会导致不同结果的强大理论基础。因此，分配的税收与传统的中央财力分配机制（如税收分享）相比，没有任何规范性优势的空间。[②] 这就是奥茨（Wallace E. Oates）、蒂伯特（Charles Tiebout）和第一代财政联邦制理论的其他贡献者几乎没有在他们的模型中引入任何政治程序的原因，中央政府和每一个地方决策者的社会福利函数在发挥作用。[③] 因此，如果要确立税收分配理论，必须为分配的税收优于税收分享、转移支付等提供规范性的理论依据，由此便进入第二代财政联邦制税收分配理论的论域。

---

① Richard M. Bird. Subnationl Taxation in Developing Countries: A Review of the Literature [J]. *Journal of International Commerce, Economics and Policy*, 2011, 2 (1): 4.

② Paolo Liberati. "Which Tax" or "Which Tax for What?": Tax Assignment in the Theory of Fiscal Federalism [J]. *Public Finance Review*, 2011, 39 (3): 373.

③ Paolo Liberati. "Which Tax" or "Which Tax for What?": Tax Assignment in the Theory of Fiscal Federalism [J]. *Public Finance Review*, 2011, 39 (3): 373.

第三节　第二代财政联邦制税收分配理论

第一代财政联邦制理论基于“仁慈政府”的假定，运用公共经济学方法，专注于效率的经济价值，对政府间的事权、财权、支出责任、转移支付以及税收分配问题做出了一系列规范性分析，提出了具体的政策建议。然而，在20世纪下半叶，阿根廷、巴西等一些国家的省一级政府通过巨额财政赤字，积累了大量地方债务，酿成全国性的金融危机，这在很大程度上是由财政分权的不当财政行为引发的。于是，一些经济学家开始用序贯博弈论的观点来阐释地方不规范财政行为，并将公共选择理论运用于财政联邦制理论分析，形成了财政分权的政治经济学方法。[①] 这些努力产生了钱颖一、魏格斯特（Barry R. Weingast）等人所称的第二代财政联邦制理论。

一、第二代财政联邦制理论的主要观点

第一代财政联邦制理论忽略了来自公共选择领域的重要贡献。公共选择理论出现于20世纪50年代，对尼斯·阿罗（Kenneth Arrow）、马斯格雷夫（Richard A. Musgrave）和保罗·萨缪尔森（Paul Samuelson）关于公共部门的理论提出了挑战。公共选择方法的一个核心原则是，公共决策者是具有自己目标函数的效用最大化者。

公共代理人可以被有效地描述为寻求最大限度地增加他们的预算。预算最大化包括扩张权力和影响力、增加员工、提高工资等。布伦南和布坎南将这一观点扩展到公共部门，将公共部门视为一个庞大的代理——一个通过从经济中获取最大的收益来寻求自身扩张的“利维坦”，并关注政治过程和政治代理人的行为。与第一代财政联邦制理论

① Lockwood, Ben. The Political Economy of Decentralization [A]. In Handbook of Fiscal Federalism [C], edited by Ehtisham Ahmad and Giorgio Brosio. Cheltenham, U. K.: Edward Elgar, 2006: 33 -60.

不同，第二代财政联邦制理论认为，政府官员不仅仅是为了他们的选民的福利，他们还有自己的诉求。因此，公共选择视角下财政联邦制理论关注的焦点是，在不完全信息的情形下不同的政治和财政制度的运作情况①，主要侧重于这些制度所体现的激励机制以及由此产生的效用最大化的参与者的行为。问题在于，如何设计财政制度，去激励政府及其官员追求公共利益？这就回到了第一代财政联邦制理论关注的问题上来了。因此，在某种程度上，与第一代财政联邦制理论相比，第二代财政联邦制理论并没有非常确定的议题，② 或者说，二者的主题并无本质的区别。事实上，第二代财政联邦制理论是在新的研究范式下对第一代财政联邦制理论的论断提供了不一样的论证。布伦南和布坎南认为，财政分权是限制政府扩张的一种机制。分权政府之间的竞争，就像私营部门的竞争一样，会限制垄断性的中央政府增加对经济资源控制的能力。他们认为，在家庭和公司自由迁徙的情形下，政府之间的竞争可以部分甚至完全取代对征税权的财政限制。③ 中央集权可以协调各层级政府的财政决策，将辖区间外部性财政行为内部化，而分权则可能更有效地实现偏好匹配和地方问责，并减少寻租。尽管如此，关键的见解仍然是，差异性和溢出问题是关于集权收益辩论的核心。④ 具体来说，某一特定的地方公共物品由集权供给还是由分权供给，涉及集权情形下沟通协调的好处与分权情形下地方供给满足地方偏好以及可能增加问责之间的基本权衡。

第二代财政联邦制理论除了对分权提供新的论证，还特别关注软预算约束等具体问题，将其视为财政分权的主要危险之一。软预算约束这个术语来源于科尔奈（Jάnos Kornai）的开创性贡献。科尔奈（Jάnos

① 根据奥茨（Wallace E. Oates）的分析，第二代财政联邦制理论除了公共选择的理论来源，还大量借鉴了工业组织和微观经济理论中探索信息问题的著作。一般说来，在信息不对称的情况下，最优的过程或制度可能会完全不同于那些存在完全信息的情形。

② 高琳．分税制、地方财政自主权和经济发展绩效研究［M］．上海：上海人民出版社，2016：16.

③ Brennan，Geoffrey，and James M. Buchanan. *The power to tax——The analytical foundations of a fiscal constitution*［M］. Cambridge：Cambridge University Press，1980：184.

④ Besley，Timothy，and Stephen Coate. Centralized versus Decentralized Provisionof Local Public Goods：A Political Economy Approach［J］. *Journal of Public Economics*，2003，87（12）：2628.

Kornai）用软预算约束一词来描述计划经济体中国有企业的行为，这些企业指望政府对其经济损失进行救助。后来这个术语的使用范围被大大扩展，涵盖了经济实体可以期望某种形式的支持来弥补其赤字的广泛情形。这些实体可以是公司、银行、非营利组织乃至地方政府。在财政联邦制理论中，这个术语主要针对的是期望上级政府将其从财政困境中拯救出来的地区或地方政府。在存在软预算约束的情形下，地区或地方政府有一种几乎不可抗拒的动机去扩大它们的项目和超出它们能力范围的支出。从现实看，一些国家的分权政府的财政行为达到了破坏整个财政体系和经济稳定的程度。在阿根廷、巴西等一些发展中国家，地方政府依靠中央的转移支付和向国有银行发行债券来填补预算中的巨额赤字，从而导致了重大的财政和经济危机。基于第二代财政联邦制理论的立场，根据序贯博弈理论，中央政府提出不救助的要求，地方政府必须评估这种要求的可行性，然后做出预算决定。可能在某些看似合理的情况下，地方政府决策者可能会发现，中央政府的不救助承诺并不可信，于是，地方政府可能会在中央政府将它们从财政赤字中拯救出来的预期下继续扩张。“游戏”的最后阶段是，中央政府必须决定是否救助地方政府。同样，在一些合理的条件下，中央政府也有可能会认为，提供必要的财政援助要比履行之前不提供救助的承诺更好。在第二代财政联邦制理论看来，地区和地方的不当财政行为本质上是财政分权体制固有的，是财政分权制度的内生性因素。中央政府承诺避免财政救助是否令人信服，构成了地区和地方政府的不当财政行为的重要动机来源。那么，应该如何设计、调整财政分权制度以摆脱这一困境？中央政府如果无法拯救赤字困扰的地方政府，就遭受两方面的损失：首先，地方低水平的公共物品供给效率，导致地方本身的福利低于预期；其次，对中央政府的选举结果可能产生影响，心怀不满的选民会把责任推到中央政府头上。因此，救助可能既有经济动机，也有政治动机。如果地区或地方政府的不当行为对其他辖区产生负面的溢出效应，那么允许局部失败可能会影响整个系统。与较小辖区的地方政府相比，较大辖区的地方政府更有可能得到中央政府的救助，因为对大的辖区而言，对外造成的后果可能要严重得多。这就是所谓的“大而不能倒”（*Too big to fail*）。[①]

什么样的经济和财政制度能够将地区或地方政府不当财政行为的动机最小化？首先，发达的市场经济的一些特征本身就会有助于实现预算硬约束。主要表现在，成熟银行体系下高效的信贷市场有利于实现地方政府的财政自律，流动因素下的有效土地市场也会鼓励负责任的地方财政决策。其次，财政制度对于硬预算约束至关重要。一方面，存在一个可靠而有效的地方税收制度，为地方财政提供所需的财政收入。在这种情况下，地方政府会权衡公共项目的收益和成本。一个良好的地方税收体系将使地方选民清楚地看到这些成本，并提供必要的资金来源。另一方面，政府间拨款体制必须发挥作用，以满足其基本的配置和再分配职能，以不受操纵地提供财政援助。正如第一代财政联邦制理论所明确指出的那样，匹配补助的作用是将地方公共供给的溢出收益内部化。但从提供额外转移支付以缓解地方财政压力的意义上讲，此类补助不应扩大。[②]

二、第二代财政联邦制税收分配理论

第一代财政联邦制税收分配理论一方面从资源配置效率的经济收益出发，得出了大部分税收归属于中央政府、地方政府只征收很少税的税收分配结果，以及强中央、弱地方的税权配置格局；另一方面从仁慈型政府的假设出发，容易推导出地方税并不必然优于转移支付，甚至不需要地方税、地方税权的尴尬结论。然而，第二代财政联邦制理论强烈反对地方政府求助于中央资金，而鼓励广泛使用地方税。这种对求助于中央资金的厌恶，最主要的理由就是软预算约束，以及地方政府在过度支出的情况下可能诉诸财政公地的道德风险。如果说第一代财政联邦制理论专注于税收分配的经济收益，那么，第二代财政联邦制理论强调的是税收分配的地方自治、问责制等政治收益问题。从税收分配和税权配置

① Wallace E. Oates. Toward A Second-Generation Theory of Fiscal Federalism［J］. *International Tax and Public Finance*, 2005（12）：362.

② Wallace E. Oates. Toward A Second-Generation Theory of Fiscal Federalism［J］. *International Tax and Public Finance*, 2005（12）：363.

模式上来看，前者趋向于中央、集权化，后者趋向于地方、分权化。

为实现地方自治的政治收益，麦克卢尔（Charles E. McLure Jr）认为，合理分配税权有助于让地方各层级政府控制其财政命运，使其在公共支出水平上能够做出高或者低的选择。为此，税收分配应表现出以下特征。首先，地方政府必须有足够的“自有”收入来支持它们提供的公共服务。如果一个地方政府通过立法征收它自己的税收，并得到有意义的宪法保障，那么它显然有自己的收入来源。即使这样的政府必须依靠上级政府的拨款，只要拨款是由客观的方式确定的，并得到长期存在的宪法或立法的保障，也可以合理地认为它有自己的收入。相比之下，如果拨款是由高层级的政府全权决定的，可能是临时的、任意的、不可预测的，甚至是在财政年度的长时段内，而且还要经过重新谈判，那么自己的收入可能根本就不存在。其次，地方政府必须能够控制其边际收入。即使地方政府有自己的收入，它们也可能无法影响所获得收入的数量。例如，如果中央政府与地方政府分享来自某些税收的收入，地方政府自己的收入就不是边际收入。相比之下，如果地方政府制定并执行自己的税收法律，或者允许它们对中央政府征收的税收按它们选择的税率征收附加税，它们也会影响获得收入的数量。这一区别至关重要，因为地方政府要想真正实现自治，就必须有自己的边际收入来源，也就是说，它们可以控制自己的收入水平。只有选择承担更高或更低的税收，地方居民才能选择他们想要的公共服务水平。因此，实行地方财政自治的一个重要先决条件是地方政府能够选择税率。[①]

地方政府享有财政自主权并不意味着它们是负责任的，合理的税收分配有助于提升问责制。在第二代财政联邦制理论看来，地方政府必须征收受益税，因为受益税可以迫使行为不当的政府官员采取负责任的行动。因此，地方征收受益税不是为了保证最优配置，而是为了强化地方政府决策行为的责任。在提供公共物品和服务上，地方政府比中央政府更容易而且应该适用受益税。受益税的优点在于，能够揭示收入分配问题与支出分配问题之间千丝万缕的联系。提供服务的政府应该收到

① Charles E. McLure Jr. The Tax Assignment Problem: Conceptual and Administrative Considerations in Achieving Subnational Fiscal Autonomy [R]. *World Bank*, 1999.

接受服务的对价，否则，接收服务但未支付对价的辖区希望获得比最优数量更多的服务，而为服务提供资金的辖区不愿意提供最优融资金额。

从受益税的角度来看，当人们不在他们居住的地方工作时，到底是生产（挣钱）还是消费（花钱）才是衡量普遍收益的更好方法？如果公共支出的收益与生产、收入的密切相关性程度高于消费、支出，那么，根据受益的衡量标准，以原产地为基础的增值税、以劳务发生地为基础的所得税，则优于以目的地为基础的增值税和以居住地为基础的所得税。事实上，对从公共支出获得的收益来说，消费（花钱）可能比生产（挣钱）更为密切。例如，一个人接受的教育一般是在他生活的地方提供的，而不是在他工作的地方；医疗保健也是如此。因此，原则上，以居住地为基础的所得税可能优于以雇用地为基础的所得税，以目的地（消费）为基础的销售税优于以来源地（生产）为基础的销售税。如果生产比家庭居住更具流动性，那么与基于居住地为基础的税收相比，不能反映公共支出的普遍收益的以来源地为基础的税收更有可能扭曲经济活动。①

如何保证实现税收的受益性原则？布伦南（Brennan）和布坎南（James Buchanan）提出了税收竞争模型来解决这一问题。在他们看来，中央政府是一个垄断性的收入最大化的“利维坦”，它利用了国家层面上税基的稀缺流动性。为了分割中央税权，需要赋予地方政府征税的权力。然而，为避免形成地方寻租，应将流动性税基的税收分配给地方政府。原因很明显，对流动性税基征税使地方政府更难寻租，因为对流动性较低的税基征税，地方政府有可能成为小型“利维坦”，从而在地方复制中央政府的机会主义行为。地方政府的责任可能会通过税基的选择得到强化，这将迫使其减少税收方面的低效率，并将税权与支出活动紧密联系起来。这一结果最好由税收竞争来推动，因为税收竞争有助于提高问责制。

在一定意义上，地方税更多是一个政治问题，而不是一个关于税收

① Charles E. McLure Jr. The Tax Assignment Problem: Conceptual and Administrative Considerations in Achieving Subnational Fiscal Autonomy [R]. *World Bank*, 1999.

分配的经济理论。[①] 重要的是，让公民看到税收被用到了什么地方，能够使地方政府更负责任，至于哪些税应分配给地方政府则是次一级的问题。财产税之所以被分配给地方，是因为与使用拨款相比，财产税使地方政府更能负责任。因此，财产税被分配给地方是一个政治问题。总之，地方税有利于增强人们对地方政府决策的影响，这与财政联邦制理论的出发点是一致的。[②]

① Paolo Liberati. "Which Tax" or "Which Tax for What?": Tax Assignment in the Theory of Fiscal Federalism [J]. *Public Finance Review*, 2011, 39 (3): 384.

② Charles E. McLure Jr. The Tax Assignment Problem: Ends, Means, and Constraints [J]. *Australian Tax Forum*, 1994, 11 (2): 155.

第三章

地方税权与辅助性原则

党的十八大以来，中央与地方关系改革进入以“五位一体”总体布局和“四个全面”战略布局为指导，以推进国家治理体系和治理能力现代化为目标的新阶段。以习近平新时代中国特色社会主义思想为指导，坚持党中央集中统一领导，维护党中央的领导核心地位，按照国家治理现代化的要求，不断推进中央与地方关系改革。中央与地方关系改革的首要措施是，根据全面推进依法治国的要求推进中央与地方关系的法治化建设。党的十八届四中全会通过的《中共中央关于全面推进依法治国若干重大问题的决定》要求，“明确地方立法权限和范围，依法赋予设区的市地方立法权”，“推进各级政府事权规范化、法律化，完善不同层级政府特别是中央和地方政府事权法律制度”。

“地方性事务”是《立法法》中的一个重要法律概念，涉及中央与地方之间立法权限的划分问题。《立法法》第82条规定了执行性、自主性、先行性三类地方性法规，而地方性事务属于自主性地方性法规的立法事项。地方性事务不仅直接关系到地方自主性立法的范围问题，而且涉及立法权纵向分配等央地之间关系问题，乃至国家治理现代化问题。然而，对于“地方性事务”这样一个重要概念，立法者未作出相关的立法解释。近年来，法学界开始深入研究地方性事务的内涵、范围、判断等问题，以期为地方自主性立法权奠定坚实基础，进而推进央地之间关系法治化的进程。现有研究成果大都基于实证法的立场对地方性事务进行规范分析。虽然以宪法作为规范分析的基础，可以为地方性事务的阐释提供较强的价值理据和体系论证，但是地方性事务问题的研究尚需更深刻的法理支撑。本章拟将地方性事务置于广受关注的辅助性原则下进行阐释，在考察辅助性原则的起源、发展及其制度实践的基础上，剖析辅助性原则下地方性事务的多维面向或者规定性，并以辅助性原则为基础对地方性事务的构建路径、事项范围等展开分析，同时，明确地方税之于地方性事务的结构性，从而为地方税权奠定规范基础。

第一节　辅助性原则的起源、发展与实践

辅助性原则（Subsidiarity Principle）源于天主教社会理论。教皇庇护十一世把辅助性原则作为天主教社会理论的基本原则。他阐述道："一个人不应该放弃个体，把自己的进取心和勤奋能完成的事情托付给社会，这是社会哲学的一条固定不变的基本原则。因此，将可以由较小的和下级的机构能够执行和提供的职能转移到更大的和更高的集体，也是一种不公正，同时也是一种严重的罪恶和对公正秩序的扰乱。每一种社会活动，就其本质而言，都应该证明是对社会成员的一种帮助，它绝不是破坏或攫取他们。"作为一种社会治理模式，辅助性原则反对政府无节制扩张，谋求合理界定政府可以和应该采取行动的范围，保护个人和社会团体免受过度干预，同时，反对无视政府对实现公民权利和自由的帮助作用。辅助性原则的核心是设想一个由下而上解决问题和作出决策的社会，是在地方一级解决问题和使个人、家庭和自治组织在其生活中更有效地行动的原则性倾向。[①]

① Robert K. Vischer. Subsidiarity as a Principle of Governance: Beyond Devolution [J]. *Indiana Law Review*, 2001, 35 (1): 116.

第二次世界大战后，德国反思纳粹专制集权之恶，对辅助性原则应用于社会生活各个领域展开了广泛研究，并率先将辅助性原则从社会组织的原则转化为制度设计的明确的政治和法律规则，这构成了德国重建的核心。此后，辅助性原则被引入欧共体改革的辩论中，被作为进一步推进欧洲一体化的指导方针。欧盟将辅助性原则作为其组织原则，《马斯特里赫特条约》规定："在不属于其专属职权范围的领域，共同体应根据辅助性原则采取行动，即只有在成员国的行动不能成功实现相应行动的目标，或由于特定行动的规模与影响之原因，由共同体行动能够更好地达成目标时，共同体才能采取行动。"辅助性原则已经是欧盟或其他机构的法律原则，欧盟法院与各国法院都开始运用这一法律原则来解决案件，并形成了一些相关判例。①

辅助性原则在欧洲根深叶茂，其影响从欧洲走向世界。一些欧洲国家正在着手根据辅助性的政治原则重组政府。② 在美国，有学者建议利用辅助性原则应对联邦权力的扩张，平衡联邦与州的权力。对于一个仍在寻求建立联邦—州基本平衡（而不仅仅是维持这种平衡）的政体来说，寻找监管式联邦制的指导原则，并将辅助性原则指定为这一原则，是完全合适的。③ 辅助性原则不仅以不同的形式存在于联邦体制和欧盟，而且越来越多地在全球范围内使用，以便为不同治理层级之间的权力配置提供原则性指导。有学者将辅助性原则用于全球治理分析，主张在贸易和投资等经济领域，从自治和价值多元主义出发，奉行强的辅助性原则，即国际机构应该减少干预和控制，而在国际安全或环境监管领域，应该奉行弱的辅助性原则，从而降低国际机构加强干预和控制的门槛。④ 辅助性原则一方面强调个人自由、地方自治，排除政府干预和中

① 李旭东．辅助性原则及其对中国央地关系法治化的意义［J］．哈尔滨工业大学学报，2017（5）：39.

② Jared Bayer. Re-Balancing State and Federal Power：Toward a Political Principle of Subsidiarity in the United States［J］. *American University Law Review*, 2004, 53（6）：1448 – 1455.

③ George A. Bermann. Taking Subsidiarity Seriously：Federalism in the European Community and the United States［J］. *Columbia Law Review*, 1994, 94（2）：331 – 456.

④ Markus Jachtenfuchs, Nico Krisch. Subsidiarity in Global Governance［J］. *Law and Contemporary Problems*, 2016, 79（2）：1 – 26.

央集权，因而具有消极的一面；另一方面，当个人自由、地方自治“力有不逮”之时，需要政府介入和中央政府干预，从而具有积极的一面。有学者将辅助性原则运用于人权领域，人权的消极自由与积极自由与辅助性原则的消极面向和积极面向形成了完美的契合。[①]

辅助性原则近年来被引入我国，逐渐引起了法学界的重视，[②] 并被广泛地用于分析宪法、行政法、经济法乃至民商法等法律问题。有学者从辅助性原则应用于央地关系研究的三个视角出发，即“超国家视野”“去中心化”“地方自治”，讨论辅助性原则对央地关系法治化的意义。[③] 有学者提出，行政体制改革的核心任务是政府职能转变，而政府职能问题恰好是辅助性原则首先要解决的问题，可以将辅助性原则作为中国行政体制改革的理论基础。[④] 当然，基于辅助性原则的消极功能和积极功能，按照辅助性原则，要建立的不是小政府，而是与国家的职能状况相适应的规模适度的政府。有学者将辅助性原则运用于行政给付制度分析，认为辅助性原则在行政给付的主体、范围、内容等方面均有体现，辅助性原则也应该成为我国行政给付立法与实践的基本原则。[⑤] 具体来看，行政给付的范围划定应强调个人和社会责任的优先性以及国家责任的补充性；行政给付的内容组合应遵循先个人后国家、先制度给付后现金资助的次序，重视受助者的自立能力建设，“授人以鱼，不如授人以渔”；在行政给付的方式选择上，鼓励和支持非政府组织等社会力量参与，重视公私合作，推行民营化和社会化给付方式；而在行政给付程序构建方面，更加注重程序的沟通、合作和激励功能的发挥。对于区域协同立法的合法性困境，有学者从辅助性原则理论中寻求解决方案，建议

---

① Carozza, Paolo G. Subsidiarity as a Structural Principle of International Human Rights Law [J]. *American Journal of International Law*, 2003, 97 (1): 38-79.

② 相关的著作主要有：李旭东. 辅助性原则研究 [M]. 广州：华南理工大学出版社，2021；苗静. 辅助原则研究 [M]. 北京：中国经济出版社，2013；回颖. 欧盟法的辅助性原则 [M]. 北京：中国人民大学出版社，2015。

③ 李旭东. 辅助性原则及其对中国央地关系法治化的意义 [J]. 哈尔滨工业大学学报，2017 (5): 41-42.

④ 刘莘，张迎涛. 辅助性原则与中国行政体制改革 [J]. 行政法学研究，2006 (4): 9-15.

⑤ 喻少如. 论行政给付中的国家辅助性原则 [J]. 暨南学报，2010 (6): 57-61.

尊重部分区域的先行探索精神，及时肯定区域协同立法活动，同时通过法律解释的形式赋予区域协同立法合法性地位。[①] 还有学者建议，引入辅助性原则，从中央与地方、政府与市场两个维度对分享经济的规制策略进行重构。[②] 具体来看，在“辅助性原则”的价值指引下，中央与地方的规制权限应当合理配置，既确保中央规制政策的统领地位与引导作用，又赋予地方具体规制措施的自主空间与创新能力，同时有效监督地方差异化规制措施的合法性。另外，在分享经济的规制关系中，应当在传统规制主体与规制对象之间重新分配规制责任。平台类分享经济的规制可适用“政府管平台，平台管供给方”的模式，直供类分享经济的规制应当以消除负外部性为核心任务。此外，还有学者诉诸辅助性原则分析财政分权、地方税权等财税法问题。现代税收国家，其职责履行依赖于课税权，税收权限划分在目前成为中央与地方最重要的权限划分问题。[③] 因此，辅助性原则构成了地方税权的规范基础。有学者指出，辅助性原则作为划分中央与地方权限的宪法原则，成为现代税收国家赋予地方税权的理论渊源。[④]

总之，辅助性作为社会原则，参与塑造个人—社会—政府关系的社会架构，强调个人自由，社会、政府对个体的帮助、补充，以及政府对社会的帮助、辅助；辅助性作为政治原则，参与塑造中央政府—区域政府—地方政府关系的政府体制，强调地方自治，中央政府、地区政府对地方政府的辅助。当然，辅助性原则既有消极的一面，强调自由、自治，排斥干预、控制，又有积极的一面，需要政府帮助个人实现自由，以及中央政府向地方政府提供帮助。辅助性原则集积极功能与消极功能于一身，单从央地之间权力配置来看，同时包容“自下而上”和“自

① 韩业斌．区域协同立法的合法性困境与出路——基于辅助性原则的视角分析［J］．法学，2021（2）：146－159.

② 沈广明．分享经济的规制策略——以辅助性原则为基点［J］．当代法学，2018（3）：48－59.

③ 葛克昌．补充性原则与地方课税权［M］//刘剑文．财税法学前沿问题研究：事权与支出责任的法治化研究．北京：法律出版社，2018：364.

④ 李俊英．补充性原则下地方税的治理逻辑与构建路径［J］．税务研究，2021（10）：15.

上而下”两种权力趋势，但“自下而上”的消极功能更受重视。[①] 地方性事务作为地方自主性立法的事项范围，与辅助性原则的效力扩张和制度实践存在着密切关联。因此，辅助性原则为探讨地方性事务问题奠定了理论基础，有理由将辅助性原则用于地方性事务的阐释。

第二节　辅助性原则下地方性事务的多维面向

在政府与社会、中央与地方的多重关系中，地方性事务处于制度性“纽结”的地位。厘清地方性事务的内涵和范围，是实现政府与社会、中央与地方等多重关系法治化的重要基础。将地方性事务置于辅助性原则下解析，地方性事务呈现出多个面向，具有多方面的规定性。

一、地方性事务对社会的辅助性

在辅助性原则的谱系里，每个人都拥有固有的、不可剥夺的自由和尊严，从家庭到社会再到政府乃至国际组织，都需要为个体实现自由提供条件，最终服务于个体自由和尊严的实现。从政府与社会的关系层面来看，当社会能够完成帮助个体实现自由的目标时，辅助性原则不主张政府对社会进行干预，不主张政府将社会能够有效承担的任务包揽过来；当社会无法独立实现其目标时，辅助性原则支持和要求政府的干预和帮助。由此可见，地方性事务作为自主性地方性法规的立法事项，相对于社会、个体来说，具有辅助性或者补充性。这意味着，地方自主性立法权的行使应该受到来自个人和社会的限制，地方性事务不应侵害个人的自由和尊严，不应当包含家庭、基层自治组织乃至社会团体等社会中间组织能够有效实现其目标的事项。当然，当社会、个人自身不能实现其目标时，地方自主性立法也受到来自个人和社会的支持和鼓励。根据《宪法》第 111 条，“居民委员会、村民委员会同基层政权的相互关

① 李旭东．辅助性原则研究［M］．广州：华南理工大学出版社，2021：58－59.

系由法律规定”，法律保留式的规定表明，政府应当尊重社会自治，不能随意干涉社会事务，在一定程度上体现了辅助性原则。党的十九届四中全会通过的《中共中央关于坚持和完善中国特色社会主义制度推进国家治理体系和治理能力现代化若干重大问题的决定》要求“优化政府职责体系”，“实行政府权责清单制度，厘清政府和市场、政府和社会的关系”，这与辅助性原则的内在要求是一致的。

二、地方性事务对中央政府的自主性

中央与地方的关系始终是辅助性原则关照的重点内容，为我国央地之间关系法治化的实践提供了理论支撑。学界一般认为，地方性事务是地方自主性立法的事项范围。在辅助性原则下，相对于中央立法，地方立法机关就地方性事务的立法具有自主性，而中央立法相对于地方自主性立法来说则具有辅助性。长久以来，人们普遍认为，对于单一制国家来说，地方政府的权力是中央政府赋予的，[①] 因此，地方自主性立法的正当性不足，更不存在地方专属立法的情况。其实，不论是联邦制国家，还是单一制国家，只要存在多层级政府体制，就必然存在央地之间的分权问题，辅助性原则就具备理论和实践价值。央地之间分权及地方分权的程度并不取决于国家结构形式，而更多地体现了一个国家或地区的政策选择。[②] 半个世纪以来，作为单一制国家的日本、法国积极推行地方分权改革，逐步完善地方自治立法。例如，日本《地方自治法》将地方自治团体的事务区分为“自治事务”与“法定受托事务”。虽然未明确“自治事务”的具体范围，但对“法定受托事务”做了详细列举。未明确“自治事务”的范围恰恰表明了其“自治事务”的自主性和优先性，而详细列举“法定受托事务”则表明中央就受托事项履行管理职权需要法律的明确规定，不能超越“法定受托事项”的范围。因此，日本《地方自治法》显然遵循了辅助性原则。在辅助性原则下，

---

① “所谓单一制，就是统治权集中于中央政府，地方政府的存在与权力均依存于中央政府的国家结合形式……在中央与地方的权力划分方面，地方受中央的统一领导，地方政府的权力由中央政府授予。”参见林来梵．宪法学讲义［M］．北京：法律出版社，2015：214.

② 刘文仕．地方制度法释义［M］．台北：台湾五南出版公司，2018：28.

日本地方立法机关就“自治事务”进行自主性立法不仅具有正当性，而且呈现出一定的优先性。《中共中央关于坚持和完善中国特色社会主义制度推进国家治理体系和治理能力现代化若干重大问题的决定》提出，“健全充分发挥中央和地方两个积极性体制机制”，并具体要求“赋予地方更多自主权，支持地方创造性开展工作”，在一定程度上体现了辅助性原则的内涵，对于推进我国中央与地方关系法治化进程具有重要意义。

三、地方性事务之区域性的根本性

从语义上看，与“地方”相对的是“中央”，因此，与“地方性事务”相对应的概念应该是“中央性事务”；与“全国”相对的是“区域”，因此，与“全国性事务”相对应的应该是“区域性事务”。但是，学界通常分别将“地方性”与“全国性”、“地方性事务”与“全国性事务”相对应，这是不准确的。例如，有学者认为，“对于纯属于地方性质的事项，应该由地方立法加以规制，中央立法不应干预；反之，对于纯属于全国性质的事项，应该由中央立法加以规制，地方立法不应阻挠”。① 之所以如此，原因在于，区域性事务一般都是地方性事务，而全国性事务往往都属于中央性事务。辅助性原则要求决策应发生在较低的政府层级，除非有充分的理由将其上移，这是因为，地方政府与民众的距离更近，拥有信息优势，能清晰地知晓民众实际需要，而且民众对本辖区范围内的事务参与、决策的民主权利易于实现。因此，地方政府是最有可能、最容易实现个体的自由和尊严、民主参与权利的政府层级，地方立法机关对属于区域性的事务行使立法权具有天然的正当性和合法性。因此，区域性是地方性事务的决定性因素，是地方性事务的本质属性。区域性构成了地方性事务判断的最简单、直接的标准。所谓一项立法事务是否具有区域性，应该主要从影响范围上来作出判断。原则上，地方立法事项的影响范围如果超越了地方政府的管辖区域，产生了“外部效应”，那么，就不再具有区域性。《国务院关于推进中央与地方

① 张千帆．流浪乞讨与管制——从贫困救助看中央与地方权限的界定［J］．法学研究，2004（3）：41.

财政事权和支出责任划分改革的指导意见》（国发〔2016〕49 号）将“体现基本公共服务受益范围”作为中央与地方财政事权和支出责任划分改革的指导原则，明确“体现国家主权、维护统一市场以及受益范围覆盖全国的基本公共服务由中央负责，地区性基本公共服务由地方负责，跨省（区、市）的基本公共服务由中央与地方共同负责”。因此，区域性主要是受益范围的区域性。其实，区域性在一定程度上决定了立法事项的重要程度。立法事项影响的区域范围越大，重要性程度越高。

四、地方税对地方性事务的结构性

财政、金融体制在现代国家中央政府与地方政府的关系中占据了重要地位，税收的征集和分配是从根本上影响中央政府与地方政府关系的基本方法，财政关系是政府间关系的核心问题。① 财政联邦制理论为辅助性原则运用于财政领域提供了理论支持，辅助性原则为央地之间的财政分权提供了规范支撑。辅助性原则意味着，下级部门为完成归属于该部门的公共政策需要征收必要的税收，中央政府需要在联邦层面征收其实施公共政策所必需的税收；辅助性原则还意味着，下级部门可以自由贷款，前提是它们允许联邦政府征收税收，以用于其可能的支付缺口和下级部门之间的转移支付。而且，辅助性原则有助于实现再分配和社会权利的保障，便于在下级部门之间实现帕累托最优。② 因此，从辅助性原则出发，地方税乃至地方财政是地方性事务的结构性内容。俗话说，“有多少钱，办多大的事”。地方税的征收、地方政府债券的发行、地方财政资金的管理和使用等，都应该属于地方性事务的立法事项。就地方税来说，地方税因其受益性而属于典型的、纯粹的“地方性事务”，理所当然地属于地方自主立法的事项范围。2016 年 8 月，国务院发布的《国务院关于推进中央与地方财政事权和支出责任划分改革的指导意见》（国发〔2016〕49 号），作为建立科学规范的政府间财政关系的

① 苏力．当代中国的中央与地方分权——重读毛泽东《论十大关系》第五节［J］．中国社会科学，2004（2）：51－52.

② Radu-Michael Alexandrescu. Democracy and Subsidiary II——Modern Theories on Subsidiarity［J］. *Cogito：Multidisciplinary Research Journal*，2018（10）：80.

重要举措，将“体现基本公共服务受益范围”作为划分中央与地方财政事权的主要原则，由此确定的事权范围对明确地方性事务的范围具有重要意义。但是，如果把地方事权等同于地方性事务，[①] 财权、支出责任等财政事项就会从地方性事务中被排除出来。因此，从范围上看，地方性事务的外延应该大于地方事权。

第三节　辅助性原则下地方性事务的规范构建

厘清地方性事务的内涵和范围，不仅可以在央地之间立法权配置的层面上确保地方立法机关的安全空间，而且能够在社会与政府功能实现的意义上界定地方立法机关的权限范围。辅助性原则应当成为地方性事务的规范基础，并在实现路径和事项范围上为地方性事务的规范构建提供指引。

辅助性原则在德国等国家或地区已经成为一项宪法原则，具备法律上的拘束力。在我国，辅助性原则能否指引地方性事务的规范构建？如果辅助性原则能够与现有宪法原则实现“深度衔接”，将辅助性原则的思想“阐释”进现有宪法原则，就可以解决这一难题。《宪法》第 3 条第 4 款明确规定：“中央和地方的国家机构职权的划分，遵循在中央的统一领导下，充分发挥地方的主动性、积极性的原则。”学界普遍认为，这是调整中央与地方关系的原则规定。学界一般称之为“两个积极性”原则。所谓“两个积极性”是指中央和地方的两个积极性，即“中央的统一领导”和“地方的主动性、积极性”。这一提法源于 1956 年毛泽东著名的《论十大关系》一文。[②] “两个积极性”是基于一种政

---

① 叶必丰．论地方事务［J］．行政法学研究，2018（1）：17.

② “中央和地方的关系也是一个矛盾。解决这个矛盾，目前要注意的是，应当在巩固中央统一领导的前提下，扩大一点地方的权力，给地方更多的独立性，让地方办更多的事情。这对我们建设强大的社会主义国家比较有利。我们的国家这样大，人口这样多，情况这样复杂，有中央和地方两个积极性，比只有一个积极性好得多。”参见中共中央文献研究室编．毛泽东文集（第七卷）［N］．北京：人民出版社，1999：31.

治策略，并不是制度化分权的实践。[①] 不过，《宪法》第 3 条第 4 款明确将“两个积极性”作为中央和地方的国家机构职权划分的原则，将其作为中央与地方权力划分的规范基础，因此，“两个积极性”作为宪法原则的地位是毋庸置疑的。其实，“两个积极性”原则应该是对《宪法》第 3 条第 4 款进行历史解释的结果。从目的解释的立场看，可以从“遵循在中央的统一领导下”推导出中央的“积极性”，不过《宪法》第 3 条第 4 款表达的主要是“充分调动地方的主动性、积极性”，是地方的“一个积极性”。有学者指出，“两个积极性”原则在本质上是一个“双中心结构”，既强调中央的统一领导又注重地方的主动性和积极性，并且其特殊也即灵活之处在于，这两个中心之间存在内在张力却又必须保持平衡。从字面上讲，地方的主动性、积极性意味着地方国家机关是在本地方自发驱动下主动行使职权。[②] 当然，“双中心结构”所肯定的地方自主事权的宪法地位，在通过文义解释所得出的地方“一个积极性”的结论下会得到进一步强化。“充分调动地方的主动性、积极性”的立法陈述毕竟表达的是制宪者的愿望和态度，其“政治宣示意义要远大于法律规范意义”。[③] 因此，不论是“两个积极性”还是“地方的主动性、积极性”，都需要进一步制度化、法律化。从辅助性原则的内涵来看，它有理由担负起“充分调动地方的主动性、积极性”的宪法使命。换句话说，在央地之间权力配置上遵循辅助性原则，有助于真正落实“充分调动地方的主动性、积极性”。具体到“地方性事务”问题上来，尝试诉诸辅助性原则，以调整地方性事务的构建路径，明确地方性事务的事项范围，具有非常重要的现实意义。

有学者提出了地方性事务认定的阶梯式框架，通过排除法将地方性事务的范围逐步缩小，最终界定为不涉及重要权益且不具有负外部性的服务供给类事务，而且这类服务供给事务不涉及流通、交易，不属于统

---

① 苏力．当代中国的中央与地方分权——重读毛泽东〈论十大关系〉第五节［J］．中国社会科学，2004（2）：46－47.

② 王建学．论地方政府事权的法理基础与宪法结构［J］．中国法学，2017（4）：131.

③ 郑毅．建国以来中央与地方关系在宪法文本中的演变［J］．中国行政管理，2015（4）：92.

治类事务。[①] 有学者在勾勒地方性事务的基本轮廓时，也是运用重要程度、影响范围和地方特色等标准，对“立法事项池”逐步排除，最后剩余的为地方性事务的立法事项。[②] 辅助性原则的消极功能强调个体、社会乃至地方的自我帮助、自主实现，只有当个人、社会、地方不能有效实现其目标时，社会、政府、中央才能“出手”提供帮助；辅助性原则的积极功能则完全肯定社会对个体、政府对社会、中央对地方的重要意义，没有社会对个体、政府对社会、中央对地方的帮助，个人、社会、地方甚至“寸步难行”。因此，在央地之间立法权的配置上，明确辅助性原则的“自下而上”的权力配置路径，强调地方性事务立法的自主性，并不是否认中央立法的重要地位和优先效力，而是一定程度上强化“中央的统一领导”，因为在辅助性原则的支持下，中央立法的正当性、合法性得到了全新阐释和有力论证。例如，《宪法》第 100 条规定的“不抵触”规则对执行性地方立法来讲是自明之理，但对于自主性地方立法来说，应如何理解？从辅助性原则来看，既然地方立法对某些事项“无力”解决，从而该事项应该上移到中央，那么地方立法就必须尊重且不能与中央立法相抵触。由此可见，在辅助性原则下，绝不意味着中央立法无关紧要，反而恰恰证明了其至关重要。既然《立法法》确立了“地方性事务”的法律概念，并规定了执行性、自主性、先行性三种立法情形，就不能将央地之间立法权配置的“由上而下”视为唯一的构建路径，因此，在确保中央享有立法优先权，确保中央立法权威性的基础上，尝试“自下而上”的构建路径，有利于拓展“地方性事务”的制度空间。

在辅助性原则下，尝试“自下而上”的构建路径配置立法权，地方性事务的范围取决于地方立法自身的“能力”大小。对于某些立法事项，例如国家整体利益等，地方没有动机，也没有能力去实现国家整体利益，地方立法对此“无能为力”，因此，该事项不可能属于地方性事务，而应归属于中央立法。从本质上看，运用辅助性原则来判断某个立法事项的地方性事务属性，就是综合考虑各种因素，来判断地方立法

① 俞祺．论立法中的“地方性事务”［J］．法商研究，2021（4）：129.

② 郑毅．规范视野下的地方性事务［J］．中国法学，2022（5）：219.

是否有“能力”对该事项自主立法。这些因素包括该事项的重要程度、影响范围、实施效率，该事项所体现和追求的地方自治、民主治理，等等。某些事项，例如公民的基本权利事项，综合考虑这些因素之后，指向中央立法，则属于中央性事务；而地方治安、市政规划、地方税收等事项，综合考虑这些因素之后，指向地方立法，则属于地方性事务。结果是，对于有些立法事项来说，辅助性原则呈现出强版本的特点，倾向于支持地方自治，这些事项则应属于地方性事务的范围；对有些立法事项来说，辅助性原则呈现出弱版本的特点，支持中央政府的帮助和干预，这些事项则应属于中央性事务的范围。《宪法》第 104 条规定“县级以上的地方各级人民代表大会常务委员会讨论、决定本行政区域内各方面工作的重大事项”。虽然该条没有列举“重大事项”的范围，但《宪法》第 107 条规定了县级以上地方各级人民政府的职权，包括“管理本行政区域内的经济、教育、科学、文化、卫生、体育事业、城乡建设事业和财政、民政、公安、民族事务、司法行政、计划生育等行政工作”。结合《宪法》第 105 条“地方各级人民政府是地方各级国家权力机关的执行机关”，《宪法》第 107 条列举的具体事项可以解释为《宪法》第 105 条“重大事项”的展开，因为没有权力机关对这些事项的“决定”，就不会有行政机关的管理和执行。《宪法》第 104 条使用“决定”一词，应该是辅助性原则的具体体现，甚至表达了辅助性原则的强版本立场。因此，《宪法》第 107 条所列举的事项可以推定为地方性事务的事项范围，但这不是不可辩驳的结论，而是可以挑战的前提，因为其中的某些事项可能需要遵从弱版本的辅助性原则，从而归属于中央性事务。

需要讨论的是，财政、税收领域的事项是不是应该属于地方性事务的范围。有学者提出，根据中央政府权威原则，统治类事务应属于中央立法事务。在我国目前的条件下，财政税收、公债发行等与财力汲取相关的制度都属于统治类事务。① 有学者从现实出发，认为目前以事权配置主导央地关系改革的思路已然确立，地方财力与事权的矢量化匹配即

---

① 俞祺．论立法中的“地方性事务”［J］．法商研究，2021（4）：126.

便难以全面实现，也多以转移支付等制度实现动态均衡，基本不存在先以财权配置为主导，再以事权配置跟进协同的空间。[①] 如此来看，财政领域的事项基本上被排除在地方性事务之外，成为中央立法的专属事项。自党的十八届三中全会提出“财政是国家治理的基础和重要支柱”以来，国家治理体系和治理能力现代化的进程加快推进，财政领域一直走在了中央与地方关系法治化进程的前沿。财政分权理论、受益性原则等在《国务院关于推进中央与地方财政事权和支出责任划分改革的指导意见》(国发〔2016〕49 号) 中得到了一定程度的体现和运用，地方税收立法权等问题成为学界研究的热点问题。财政领域的事项往往最能体现地方自治、民主治理等价值，也是辅助性原则特别看重的领域。辅助性原则的思想渊源及其法律效力，衍生出地方税权的正当性缘由。[②] 基于辅助性原则的立场，地方事务由地方自主负责，而自治事项的自我负责包含对财政的自我负责，即有权自主决定财政工具，因此，地方自治的灵魂在于地方财政自主与财政责任。[③] 不论是保障地方财力以承担支出责任，或者消除预算软约束以提升财政效率，还是推进地方治理现代化，都没有理由将财政、税收领域的事项从地方性事务的范围中排除出来。

总之，从世界范围来看，央地之间的权力配置一直都是辅助性原则应用的主要场合。事实上，在欧洲，辅助性原则主要用来规范成员国和欧盟之间的权力配置问题。在我国，中央与地方立法权划分乃至央地关系的法治化一直都是法学界关注的重大问题，这是将辅助性原则用于分析我国财政分权制度实践的现实基础。法学界着力研究地方性事务的内涵和范围，尝试对地方性事务的事项列出一个清单，这是值得肯定的。但即便如此，也不可能一劳永逸地解决问题。因此，辅助性作为一项法律原则，其主要意义就是用来解决立法权限争议。在辅助性原则的强版本场合，某个事项会应定性为地方性事务；反之，则属于中央性事务。

---

① 郑毅．规范视野下的地方性事务［J］．中国法学，2022（5）：217.

② 李俊英．补充性原则下地方税的治理逻辑与构建路径［J］．税务研究，2021（10）：15－16.

③ 葛克昌．补充性原则与地方课税权［M］．刘剑文主编．财税法学前沿问题研究：事权与支出责任的法治化研究．北京：法律出版社，2018：367.

同时，政府与社会之间的关系问题也是辅助性原则的重要关切，这在转型国家尤为明显。也就是说，地方性事务不仅处于中央与地方立法权限划分的规则节点上，而且处于国家权力与社会权利的制度边界线上。因此，运用辅助性原则，也有助于在政府与社会关系的层面厘清地方性事务的范围。

第四章

地方税权与税收法定原则

党的十九届四中全会通过的《中共中央关于坚持和完善中国特色社会主义制度推进国家治理体系和治理能力现代化若干重大问题的决定》提出，“优化政府间事权和财权划分，建立权责清晰、财力协调、区域均衡的中央和地方财政关系，形成稳定的各级政府事权、支出责任和财力相适应的制度”。“优化政府间事权与财权划分”当然会涉及央地之间的税权配置问题。“从一定意义上说，税权是整个税法研究的核心。事实上，税法学上的许多问题，都可以解释为各类不同意义上的税权如何有效配置的问题。”① 税权集中是学界对我国税权纵向配置现状的普遍认知。税权集中的纵向配置体制，是当代中国税法理论和实践的“基底”，是把握和观察当代中国税制变革的“法门”。近年来，我国税法领域最引人瞩目的成就，当属“落实税收法定原则”。② 当税权集中

① 张守文. 财税法［M］. 北京：中国政法大学出版社，2005：174.

② 从党的十八届三中全会《关于全面深化改革若干重要问题的决定》明确“落实税收法定原则”，到2015年3月中央批准的《贯彻落实税收法定原则的实施意见》，税收法定原则载入《立法法》，再到《环境保护税法》《烟叶税法》《船舶吨税法》《耕地占用税法》《车辆购置税法》《资源税法》的陆续出台，一直到当下增值税法、消费税法、房地产税法、关税法、城市维护建设税法、契税法、印花税法、税收征收管理法（修改）等法律草案的起草，短短几年内，当代中国税法领域发生了不可思议的重大变革，成就卓著。

“遭遇”税收法定，对税权集中意味着什么？对税收法定又意味着什么？简单说来，二者呈现出明显的耦合效应：税权集中得到税收法定的支撑，变得更加稳固；税收法定有了税权集中的体制依靠，变得富有刚性。落实税收法定原则，不能满足于全国人大及其常委会完全拥有专属税收立法权，应该为地方财政自主、地方税权开创出应有的制度空间。本章把税权集中区分为纵横两个维度，将税收法定解析出三层内涵，目的是厘清税权集中与税收法定之间的多层面、多维度的复杂联系，从而在“落实税收法定原则”的现实背景下，积极拓展地方税权的制度空间。

第一节　税权集中的两个维度

税权作为一种国家权力，是包括税收的立法权、征管权、司法权，以及收益权等在内的一系列子权力的集合。税权的各子权力不可能完全集中于一个特定的国家机关，需要在不同国家机关之间配置，因此，税权的配置将在纵、横两个维度上展开。[①] 纵向配置，是指税收立法权、税收征管权、税收收益权在中央和地方国家机关之间的分配；横向配置，是指税收的立法权、执法权、司法权在同级国家机关之间的分配。由于税收立法权是税权的核心、基础，因此，税权集中主要是指税收立法权的集中，表现为税收立法权在纵向上由地方向中央集中，在横向上由国务院及其组成部门向全国人大及其常委会集中。

一、税权的纵向集中

税权的纵向集中起源于1950年1月27日政务院通过的《全国税政实施要则》。根据该要则第5条，税收立法权基本上集中到中央，税权纵向集中初具雏形。1977年11月13日，财政部发布实施《关于税收

① 许善达主编．国家税收（第三版）［M］．北京：中国税务出版社，2007：107.

管理体制的规定》，第1条明确规定："凡属国家税收政策的改变，税法的颁布和实施，税种的开征和停征，税目的增减和税率的调整，都由国务院统一规定。"有学者认为，1977年以前税收立法权最集中的程度，也不及1977年开始的集中程度。① 1991年4月9日第七届全国人民代表大会第四次会议通过的《中华人民共和国国民经济和社会发展十年规划和第八个五年计划纲要》提出，以"统一税政，集中税权，公平税负"的原则指导新一轮的税制改革。这是"税权"一词首次出现。1993年《国务院关于实行分税制财政管理体制的决定》明确规定："中央税、共享税以及地方税的立法权都要集中在中央，以保证中央政令统一，维护全国统一市场和企业平等竞争。"税权的纵向集中体制最终确立，并在此后不断强化。有学者认为，分税制"充其量是一种税收分成制，划分预算收入和税收立法的权力全部集中在中央"。② 应该说，在2013年11月党的十八届三中全会通过的《关于全面深化改革若干重要问题的决定》明确"落实税收法定原则"之前，"税权集中在中央也不是集中在立法机关，而是集中在中央政府，特别是集中在中央财税主管部门"。③

二、税权的横向集中

税权的横向集中主要表现为税权由国务院及其组成部门向全国人民代表大会及其常务委员会集中。在新中国刚成立的税制初创阶段，除《新解放区农业税暂行条例》由中央人民政府委员会通过并公布外，基本上确立了由政务院通过并公布相关税收条例，由财政部通过并公布相关细则的立法体制，如货物税、工商业税、利息所得税、屠宰税等。1954年宪法确立新的政权体制后，形成了全国人大常委会为主、国务院为辅的税收立法体制。例如，《工商统一税条例（草案）》《国务院关于改进税收管理体制的规定》等，由全国人大常委会通过，由国务院

① 崔威．税收立法高度集权模式的起源［J］．中外法学，2012（4）：764.

② 叶姗．税权集中的形成及其强化——考察近20年的税收规范性文件［J］．中外法学，2012（4）：784.

③ 叶姗．税权集中的形成及其强化——考察近20年的税收规范性文件［J］．中外法学，2012（4）：787.

颁布试行；《农业税条例》《文化娱乐税条例》则由全国人大常委会通过，以国家主席令的形式公布。党的十一届三中全会后，我国进入了改革开放的新阶段，社会主义民主和法制逐步恢复，全国人大及其常委会在涉外税制上开始独立行使税收立法权。《中外合资经营企业所得税法》《外国企业所得税法》《个人所得税法》均由全国人民代表大会通过，并以全国人大常委会委员长令的形式公布。经过短暂的税权集中于全国人大及其常委会的时期后，1984 年 9 月 18 日，全国人大常委会根据国务院的建议，做出了《关于授权国务院改革工商税制发布有关税收条例草案试行的决定》（该授权决定于 2009 年被废止），标志着税权开始向国务院转移。1985 年 4 月 10 日，全国人大做出《关于授权国务院在经济体制改革和对外开放方面可以制定暂行的规定或者条例的决定》，规定国务院有权"制定暂行的规定或者条例，颁布实施，并报全国人民代表大会常务委员会备案"。此后，国务院制定税收法规，全部使用"暂行条例"名称，不再保留"草案"一词，国务院的税权显著放大，形成了主要由国务院制定相关税收暂行条例，由国务院相关部门制定实施细则的立法体制。直到党的十八届三中全会通过的《关于全面深化改革若干重要问题的决定》明确"落实税收法定原则"，以国务院为主导的税收立法体制才开始被改变。

三、税权集中的纵横差异

税权的纵向集中一直以来相对比较稳定，且不断强化，税权的横向集中则有所反复，相对复杂。税权在纵横两个维度的集中呈现出多方面的差异：（1）税权的横向集中涉及的是中央国家机关之间的立法权分配，与国家的政权组织形式有关；税权的纵向集中则牵涉到央地关系，与国家的结构形式有关。（2）税权的横向集中解决的是国家和公民的关系问题，具体来说，就是国家的课税权与公民的财产权之间的界限问题，因此，直接涉及公民财产权的保障；税权的纵向集中处理的主要是央地之间的税收利益分配问题，因此，基本上不涉及课税权与财产权的关系，以及财产权保障问题。（3）税权的横向集中表明税收立法权由国务院转移到全国人大及其常委会；税权的纵向集中则是税收立法权由地方立法机关集中到全国人大及其常委会。地方立法机关拥有立法职权，而行政机关行使立法权多基于权宜之计的考虑，因此，地方立法机关失去税收立法权与行政机关不享有税收立法权，背后的逻辑是完全不同的。（4）税收立法权的纵向集中实质上是保证税收利益集中到中央国家机关，涉及的是央地之间的税收利益关系；税权的横向集中虽然不涉及税收利益在央地之间的分配问题，但是属于税收利益在中央国家机关之间的控制问题。（5）税权的纵向集中形成的依据主要是国务院或者财政部的政策性文件，其法治化程度相对较低；税权的横向配置，不论是全国人大及其常委会的授权，还是《立法法》对税收法定原则的确立，都有较为明确的法律依据。

第二节　税收法定：税权集中的“锁定”

作为税法的基本原则，税收法定正在发挥其规范效力，并引导着当代中国的税法变革。根据党中央批准的《贯彻落实税收法定原则的实施意见》确定的路线图，到2020年，所有的税收条例都要升格为法律。因此，落实税收法定原则，意味着税收立法权由国务院向全国人大及其常委会集中，也表明税收立法权由地方向中央集中。

一、税收法定的三层内涵

科学把握税收法定原则的内涵，是准确理解税权集中与税收法定之间关系的前提。“由表及里”、由规则到精神，去审视税收法定原则，有三层内涵。

税收法定原则的第一层即最表层的含义，可以概括为税收法律主义。税的开征与税种的设置，以及纳税人、税基、税率等课税要素必须且只能由法律加以规定，税收的征纳程序和税务争议的处理也必须由法律规定。现代国家普遍确立了税收法律主义，而且一般都写进了宪法之中。《宪法》第56条、《立法法》第8条第6项，都确立了税收法律主义。[①] 那么，为什么要秉持税收法律主义？这就进入到税收法定原则的第二层含义，即“无代表不纳税”。国家课税权是国家凭借政治权力，通过税收形式把私人占有的一部分社会产品转变为国家所有的权力。由于国家课税本质上是对个人财产权的限制，因此，必须有充分正当的理由。在众多的理由中，首要的是应当经过人民的同意，因为同意便不会存在非正义的问题。因此，税收法定原则的精神实质是课征税收应经纳税人同意。[②] 在间接民主模式下，具体就是由人民选举的代表所组成的代议制机关代表人民做出同意，而代议制机关制定的法律是最好的同意手段或方式。进一步追问，为什么“无代表不纳税”？或者说，课税为什么要经过纳税人的同意？这就进入到税收法定原则的第三层含义，即财产权保障。财产权作为基本人权，经过洛克、康德、黑格尔等近代启蒙思想家们的深刻阐释，其不可侵犯性得到了系统论证，并且成为现代社会普遍接受的法则。因此，纳税人权利保障是税收法定原则的终极归宿。[③]

税收法律主义、“无代表不纳税”和财产权保障，呈现出由表及里、层层递进、相互依存的关系，构成了税收法定原则的完整内涵。从逻辑上看，内层为外层提供正当性证明，外层为内层提供实证化支撑。具体来说，税收法律主义的正当性，需要诉诸“无代表不纳税”和财产权保障才能获得论证，财产权则借助于“无代表不纳税”、税收法律主义的制度化得到保障。内层是外层的充分条件，外层是内层的必要条件。由财产权保障可以推导出“无代表不纳税”，进而推导出税收法律主义，但后者并非是前者推导出的唯一结果。例如，在日本，从财产权保障和“无代表不纳税”出发，基于自治体对地方税享有的固有课税

① 《宪法》第56条规定：“中华人民共和国公民有依照法律纳税的义务”。根据《立法法》第8条第6项，“税种的设立、税率的确定和税收征收管理等税收基本制度”只能制定法律。

② 朱大旗．论税收法定原则的精神实质及其落实［J］．国际税收，2014（5）：12.

③ 刘剑文，耿颖．税收法定原则的核心价值与定位探究［J］．郑州大学学报（哲学社会科学版），2016（1）：32.

权，推导出了“税收条例主义”。[①]

二、税收法定与横向集中

在间接民主制下，代议制机关才有资格代表人民表达同意，以实现“无代表不纳税”，而且更有资格、条件和可能去保障公民财产权。行政机关只是代议制机关的执行机关，它没有资格代表人民表达同意，且只有在遵从立法机关决定的基础上才有可能去保障公民财产权。因此，税收法定原则必然要求代议制机关享有税收立法权。例如，美国《宪法》第1条第8款规定：“国会应有下列权力：规定和征收直接税、间接税、进口税与货物税，以偿付国债、提供合众国共同防御与公共福利，但所有间接税、进口税与货物税应全国统一。”党的十八届三中全会通过的《关于全面深化改革若干重要问题的决定》提出“推动人民代表大会制度与时俱进”，具体措施之一就是“落实税收法定原则”。因此，“落实税收法定原则”的本意就是，由人民代表大会享有税收立法权，由于税权已经纵向上集中到中央国家机关，实际上就是由全国人大及其常委会享有专属税收立法权。

新中国成立后，除了改革开放初期全国人民代表大会在涉外税制上单独行使税收立法权外，在绝大多数时间里，税收立法权主要由国务院行使。特别是1984年《关于授权国务院改革工商税制发布有关税收条例草案试行的决定》发布以来，我国形成了由国务院为主导的税收立法体制，大量的税收立法是以行政法规甚至部门规章的形式出现的，直到党的十八届三中全会通过《关于全面深化改革若干重要问题的决定》，才有了根本改变。在落实税收法定原则的推动下，税权的横向集中已被有效“锁定”，并且取得了巨大成功。[②]

三、税收法定与纵向集中

落实税收法定原则，将税收立法权横向集中到全国人大及其常委

① ［日］北野弘久．税法学原论（第四版）［M］．陈刚，杨建广等译．北京：中国检察出版社，2001：71－73．

② 2014年10月23日，党的十八届四中全会通过的《关于全面推进依法治国若干重大问题的决定》提出“健全有立法权的人大主导立法工作的体制机制，发挥人大及其常委会在立法工作中的主导作用”。

会，可以矫正税收行政立法的偏颇，但是“不经意间又触及了中央与地方税收立法权限的配置问题”[①]，这是因为税收法定原则中的“法”，仅限于狭义的法律，即全国人大及其常委会制定的法律，而不包括行政机关制定的行政法规、规章及其他规范性文件，当然也不包括地方性法规、地方规章等。这表明，落实税收法定原则，将税收立法权横向集中到全国人大及其常委会，实际上也“锁定”了税权的纵向集中。

新中国成立以来，税权的纵向集中一直都较为稳定，没有出现过明显的税权下放。现阶段，落实税收法定原则的本意是通过全国人大及其常委会收回税收立法权，以“推进人民代表大会制度与时俱进”，这本来不涉及央地之间的税权分配，但落实税收法定原则却无意中“锁定”了税权的纵向集中。

需要明确的是，税收法定原则在三个层面上与税权横向集中呈现出了高度的一致性。具体来说，税收法律主义直接“锁定”了税权的横向集中，“无代表不纳税”、财产权保障则为税权的横向集中提供了合法性根据。与之不同的是，税收法定原则虽然只在税收法律主义层面上与税权的纵向集中形成了契合，但是在“无代表不纳税”、财产权保障的层面上与税权的纵向集中并不存在必然的联系。这是因为，“无代表不纳税”的精神实质、财产权保障的终极追求，并不要求把税权完全集中到中央国家机关，也不是只有税收法律主义“一条路”。因此，税收法定原则蕴含着“解锁”税权纵向集中的“基因”，不但不是“解锁”税权纵向集中的障碍，反而是“解锁”的推动力量。

第三节　授权立法：“解锁”税权集中

近年来，学界提出了“适度分权”“下放税收立法权”的政策建议，财政分权、地方财政自主乃至国家治理现代化等，都为“解锁”

① 苗连营．税收法定视域中的地方税收立法权［J］．中国法学，2016（4）：163.

税权的纵向集中提供了支持。总的来看，税收法定“锁定”了税权集中，给税权的横向集中上紧了“保险”，也给“解锁”税权的纵向集中开了一扇门。在全国人大及其常委会拥有专属税收立法权的制度背景下，地方政府没有自主性税收立法权，只能进行授权立法。那么，在授权立法的单一模式下，如何“解锁”税权集中？

一、税收授权立法的单一模式

首先，需要明确在现行制度框架下，地方能否进行税收职权立法？是否享有自主性税收立法权？所谓职权立法，对于行政机关来说，是“指行政机关依据宪法或是组织法所赋予的职权，在此职权的范围内拥有立法权。与授权立法不同，职权立法虽能由法律获得立法的依据，但这种法律不是规范事务的实体法或程序法，而是组织法。因此无须法律有授权，行政机关在职权范围内拥有立法权”。[①] 如此界定职权立法，也适用于地方权力机关。省级人大及其常委会根据宪法和组织法拥有立法的职权，可以进行职权立法，而且《宪法》和《立法法》“没有明确说明省级人大‘不得’制定地方性税收法规的有关条款”[②]，那么省级人大及其常委会是否享有自主性税收立法权？有学者认为，“地方立法机关或行政机关只要不违反法律、行政法规的规定，就税种的设立与税收征收管理所涉及的具体事项做出与税收法律、行政法规并不抵触的决定，不会导致无效的法律结果”。[③] 这种观点基本上承认地方享有自主性税收立法权。也有学者认为，根据《立法法》第8条，“税收基本制度”只能制定法律，这意味着“地方在税收的‘非基本制度’方面可以行使一定的立法权”。[④] 事实上，地方拥有自主性税收立法权只是理论上的分析和推理，实践中从未出现地方就税种、税基、税率等自主行使税收立法权的情形。另外，地方进行税收立法，要遵循法律保留原则，应该有明确的法律依据，法律未禁止并不等于授权，然而，并没有

① 陈新民．中国行政法学原理［M］．北京：中国政法大学出版社，2002：121.

② 朱为群，缑长艳．税收法定原则与地方税收立法权［J］．财政科学，2016（12）：28.

③ 叶金育．法定原则下地方税权的阐释与落实［J］．苏州大学学报（哲学社会科学版），2016（5）：66.

④ 苗连营．税收法定视域中的地方税收立法权［J］．中国法学，2016（4）：169.

法律明确规定地方享有税收立法职权。而且，《立法法》明确规定“税种的设立、税率的确定和税收征收管理等税收基本制度”只能制定法律。

其次，政府部门有没有自主性税收立法权？能否进行税收职权立法？党的十八届三中全会通过的《关于全面深化改革若干重要问题的决定》提出“落实税收法定原则”，“推动人民代表大会制度与时俱进”，目的是全国人大及其常委会收回税收立法权。另外，根据《立法法》第11条第6项，税收属于法律保留事项。因此，国务院并不享有自主性税收立法权，不能进行税收职权立法。事实上，1984年《关于授权国务院改革工商税制发布有关税收条例草案试行的决定》和1985年《关于授权国务院在经济体制改革和对外开放方面可以制定暂行的规定或者条例的决定》的两次特别授权决定，也表明国务院不享有自主性税收立法权。

既然地方政府部门不能进行税收职权立法，那就只能根据授权进行税收立法了。所谓授权立法，是指一个立法主体将立法权授予另一个能够承担立法责任的机关，该机关根据授权要求所进行的立法活动。[①] 就授权的对象来看，有两种：一是横向授权，即全国人大及其常委会授权国务院等制定有关税收规范性文件；二是纵向授权，即全国人大及其常委会授权省级人大及其常委会等制定有关税收规范性文件。就授权形式来看，也有两种：一是专门授权，即全国人大及其常委会以专门授权决定的形式授予有关主体制定有关税收规范性文件；二是法条授权，即全国人大及其常委会在单行税收法律中以法条的形式授予有关主体制定有关税收规范性文件。就授权的内容来看，可以分为中央税、共享税的立法授权与地方税的立法授权。“税收立法权实质上就是一种资源配置决策权”[②]，因此，中央税和共享税的立法授权，被授权机关只能是国务院，但是地方税的立法授权，国务院和地方人大及其常委会都可成为被

① 陈伯礼．授权立法研究［M］．北京：法律出版社，2000：13．

② 陈少英．可持续的地方税体系之构建——以税权配置为视角［J］．清华法学，2014（5）：64．

授权对象。[①]

二、横向授权：审慎“解锁”横向集中

全国人大及其常委会对国务院的横向授权立法，有两种授权方式：一是专门授权，二是法条授权。税收属于法律相对保留事项，全国人大及其常委会有权就税收事项对国务院作出特别授权决定，但必须遵守《立法法》第12条至第16条的规定。1984年《关于授权国务院改革工商税制发布有关税收条例草案试行的决定》已被废止，1985年《关于授权国务院在经济体制改革和对外开放方面可以制定暂行的规定或者条例的决定》仍然有效。2021年10月23日，第十三届全国人民代表大会常务委员会严格按照《立法法》，做出了《关于授权国务院在部分地区开展房地产税改革试点工作的决定》。

横向法条授权在我国税收法律中大量存在。例如，《企业所得税法》第35条规定：“本法规定的税收优惠的具体办法，由国务院规定。”第36条规定：“根据国民经济和社会发展的需要，或者由于突发事件等原因对企业经营活动产生重大影响的，国务院可以制定企业所得税专项优惠政策，报全国人民代表大会常务委员会备案。”法条授权的对象除了国务院外，还包括国务院的组成部门等。例如，《企业所得税法》第20条规定：“本章规定的收入、扣除的具体范围、标准和资产的税务处理的具体办法，由国务院财政、税务主管部门规定。”另外，国务院根据法条授权制定行政法规后，还可以再授权。例如，国务院依据《税收征收管理法》第93条的授权，制定了《税收征收管理法实施细则》，并在该细则第111条规定，“纳税人、扣缴义务人委托税务代理人代为办理税务事宜的办法，由国家税务总局规定”。然而，灵活多样的法条授权并不在《立法法》的规制范围内，因为《立法法》中的授权立法，仅指全国人大及其常委会对国务院、法律对行政法规的授权，从全国人大常委会法工委对立法所作的说明中也可以得出这一结论。[②] 也许，法

① 刘剑文．地方税立法的纵向授权机制设计［J］．北京大学学报（哲学社会科学版），2016（5）：115.

② 张锋．论立法法中的授权立法［J］．国家检察官学院学报，2000（3）：34.

条授权立法对税收法定原则的扩张程度更大一些[①]，但是学界普遍关注特别授权立法问题，对法条授权却不太在意。这是因为，依据法条授权的立法作为下位法要服从上位法，根据上位法高于下位法的原则，处理税法规范之间的效力冲突，不会损害税权横向集中，可以发挥行政机关的专业化特点和效率优势，也能维护税收法定原则的权威。因此，法条授权是非常好的“解锁”税权横向集中的方式。

三、纵向授权：积极“解锁”纵向集中

全国人大及其常委会能否做出特别授权决定以授权地方进行税收立法？有学者认为，全国人大及其常委会在满足一定条件时，可以采取特别授权的手段，就地方税的基本税收事项向下一级的地方人大及其常委会进行立法授权。[②] 但是，根据《立法法》第 12 条，全国人大及其常委会可以对国务院做出特别授权决定，但未规定对地方可以做出特别授权决定。根据法治原则，全国人大及其常委会要对地方做出特别授权决定，需要有明确的法律依据。例如，《立法法》第 74 条规定：“经济特区所在地的省、市的人民代表大会及其常务委员会根据全国人民代表大会的授权决定，制定法规，在经济特区范围内实施。”该条即为全国人大做出特别授权决定的法律依据。因此，“所谓‘地方税纵向立法授权’只能被理解为，在中央立法机关制定的地方税法律中，授权地方决定或调整某些要素”[③]，而不存在特别授权模式。

与横向授权相比，纵向授权少了专门特别授权，只剩下了法条授权一种形式。例如，《车船税法》第 2 条第 2 款规定：“车辆的具体适用税额由省、自治区、直辖市人民政府依照本法所附《车船税税目税额表》规定的税额幅度和国务院的规定确定。”《环境保护税法》第 6 条规定：“环境保护税的税目、税额，依照本法所附《环境保护税税目税

---

① 刘桂清．税收调控中落实税收法定原则的正当理由和法条授权立法路径新探［J］．税务研究，2015（3）：86.

② 刘剑文．地方税立法的纵向授权机制设计［J］．北京大学学报（哲学社会科学版），2016（5）：115.

③ 熊伟．税收法定原则与地方财政自主——关于地方税纵向授权立法的断想［J］．中国法律评论，2016（1）：41.

额表》执行。应税大气污染物和水污染物的具体适用税额的确定和调整，由省、自治区、直辖市人民政府统筹考虑本地区环境承载能力、污染物排放现状和经济社会生态发展目标要求，在本法所附《环境保护税税目税额表》规定的税额幅度内提出，报同级人民代表大会常务委员会决定，并报全国人民代表大会常务委员会和国务院备案。”另外，《资源税法》第 2 条与《环境保护税法》第 6 条相类似。《房产税暂行条例》《契税暂行条例》也有相应的法条授权条款。其中，《车船税法》与《房产税暂行条例》《契税暂行条例》相同，将省级人民政府作为授权对象，而《环境保护税法》《资源税法》规定，由省级人民政府提出立法建议，报同级人大常委会决定，并报全国人大常委会和国务院备案。

与横向法条授权相比，纵向法条授权相对较少。应该扩大纵向法条授权，积极“解锁”税权的纵向集中。主要理由有：（1）与横向法条授权一样，纵向法条授权一般不会侵害税收法定原则。（2）扩大纵向法条授权，在不违背税收法定原则第一层含义，即税收法律主义的前提下，更有利于实现税收法定原则的第二层和第三层含义，即“无代表不纳税”和财产权保障。“必须坚持人大及其常委会在税收立法中的主导地位和相对独立性，不得将基本税收要素的立法权授予地方人民政府。”[①] 因此，纵向法条授权的主要对象是地方人大及其常委会，因为地方人大及其常委会拥有信息优势，更了解地方的需要。（3）扩大纵向法条授权，有利于实现地方财政自主。

根据《环境保护税法》《资源税法》《车船税法》等规定的法条授权，地方税收立法权主要表现为对地方税种的部分税收要素的确定和调整权，例如《环境保护税法》中“应税大气污染物和水污染物”的应纳税额，《资源税法》中“规定幅度税率”的具体税率，以及“规定可以选择实行从价计征或者从量计征”的具体计征方式，《车船税法》中“车辆”的具体适用税额。由此可见，地方税收立法权非常有限，很难照顾到地方的特点，不利于调动地方的积极性，实现地方财政自主。因

① 刘剑文．地方税立法的纵向授权机制设计［J］．北京大学学报（哲学社会科学版），2016（5）：118.

此，比较容易的做法是，积极扩大纵向法条授权，“对全国统一开征，对宏观经济影响较小，但对地方经济影响较大的地方税种，除由中央制定基本法律和实施办法外，税目、税率调整，税收减免、征收管理等权限可以下放给地方”。[①] 甚至是，“在最高立法机关统一制定地方税法后，地方可以选择是否在本地区实施，一旦选择实施，法律还可以赋予地方机动空间，让地方在税率税基的确定、税收征收管理方面享有一定灵活性”。[②] 例如，房地产税是比较典型的地方税，如果立法采取这种法条授权形式，将开征的选择权和税收要素的调整权交给地方，由地方权衡利弊得失，决定是否开征，以及开征后对税基、税率等进行调整，房地产税的立法进程将会大大加快。

总的来看，单纯依靠法条授权，扩大地方税收立法权，虽然有一定的操作空间，但是“解锁”纵向集中的力度仍然不大。进一步扩大地方税权，可确立特别授权的形式，根据实际需要，对其中的部分事项授权省级人大及其常委会，制定地方性法规。真正扩大地方税收立法权，实现地方财政自主，完全“解锁”税权纵向集中的办法就是赋予地方税收立法职权，这是一个非常远期的目标。在积极“落实税收法定原则”的背景下，保证全国人大及其常委会的专属税收立法权，应该是当前面临的首要任务。

---

① 许善达等．中国税权研究［M］．中国税务出版社，2003：85.

② 熊伟．税收法定原则与地方财政自主——关于地方税纵向授权立法的断想［J］．中国法律评论，2016（1）：43.

第五章

地方税的治理功能与税权配置

习近平总书记在党的二十大报告中指出："以中国式现代化全面推进中华民族伟大复兴。"紧扣中国式现代化，建立现代财政制度，推动国家治理体系和治理能力的现代化，是以中国式现代化全面推进中华民族伟大复兴的题中应有之义。近年来，把地方税问题置于国家治理现代化的视野下讨论，成为财政学、法学等学科关注的热点论题。特别是2016年"营改增"之后，地方税的主体税种不突出，地方税问题得到了社会各界的广泛关注。当前"防范化解重大风险"背景下，在讨论地方政府债务风险治理问题的过程中，地方税问题再次进入学界的视野。种种迹象表明，地方税问题是改革迈向深水区之后最难啃的"硬骨头"之一。学界一般认为，地方税问题是指地方税体系的完善问题，而完善地方税体系主要涉及中央与地方之间的收入分配问题。有学者认为，地方税是国家治理的根本基础。① 从国家治理的层面考察地方税问题，必然绕不开地方税权的配置问题，因为地方税权是地方治理的前提。事实上，仅从保障地方财政收入的意义上讨论，只是触及了问题表层而非实质，不能从根本上解决地方税问题。因此，地方税权的配置问

① 靳继东．基于国家治理现代化的地方税体系论析［J］．财政研究，2015（3）：40.

题不仅是解决地方税问题的关键，而且是推进国家治理现代化的重要基础。地方税权是地方治理的制度基础和重要支撑。[①] 强化地方税权，需要积极挖掘和阐释地方税的治理功能。为此，本章通过深刻阐释地方税的治理功能，为确立地方税权奠定坚实的根基，同时，对我国地方税权的配置现状进行考察，明确其存在的问题，最后就税收法定原则下如何完善地方税权的配置提出建议。

第一节　困境与重生：地方税的当代境遇

1994 年税制改革是新中国成立以来规模最大、范围最广和内容最深刻的一次税制改革。经过这次税制改革和后来的逐步完善，我国初步建立了适应社会主义市场经济体制的税收制度。税制逐步简化、规范，税负更加公平，对于保证财政收入，加强宏观调控，深化改革，扩大开放，促进经济和社会的发展，起到了至关重要的作用。分税制将所有税种划分为中央税、中央与地方共享税、地方税，有力地保障了中央和地方的税收收入。因此，国内学界大多从收入意义上界定地方税。刘尚希认为，地方税有两种含义：一是地方独享的税种；二是地方独享的税种和共享税的地方分享部分。[②] 之所以如此界定地方税，与我国 1994 年分税制改革是侧重分财而不是分权有关。从语义看，中央税、地方税、中央与地方共享税的类型划分也直接表明了地方税的收入划分性质。与此不同，国外学者大多从税权的意义上界定地方税。伯德（Richard M. Bird）认为，完整意义上的地方税一般来说需要满足以下五个显著条件：地方政府可以决定是否征税，可以确定具体的税基，可以决定税率，管理（评估、征收、执行）税收，保留它们征收的所有收入。[③] 地

① 李俊英．补充性原则下地方税的治理逻辑与构建路径［J］．税务研究，2021（10）：15.

② 刘尚希．当前需要正确认识地方税［N］．中国财经报，2013－8－20.

③ Richard M. Bird. Subnational Taxation in Developing Countries：A Review of the Literature［J］. *Journal of International Commerce*，*Economics and Policy*，2011，2（1）：6.

方税的前四个条件均与税权相关，最后一个条件尽管只与收入有关，但也是税权的必然结果。

从税权意义上完善地方税体系，不仅可以从根本上实现地方税收入的可持续性、稳定性，而且能够通过地方税权为地方治理奠定根基。但是，不论是发达国家还是发展中国家，在多层级财政的分权体制下，确立税权意义上的地方税体系，都会遭遇到一些具有普遍性的政府间财政风险或者难题。首先是财政失衡风险。财政失衡可以分为纵向失衡和横向失衡。1994 年分税制改革后，中央政府掌握较多的财力，对于宏观经济调控、区域均衡发展至关重要，但地方财力客观上受到了一定影响。由于各地经济、社会发展的不平衡，各地方政府的财政收支能力也存在一定的差异。可以说，确立地方税权，需要面对的主要风险之一就是财政失衡问题。一方面，确立地方税权，有助于增强地方财力。所谓"此消彼长"，地方财力增强，就会削弱中央财力，有可能造成纵向失衡；反之亦然。另一方面，由于各地经济、人口、资源等存在不平衡现象，确立地方税权，必然会出现各地之间税收收入的差异，从而出现横向失衡问题。其次是区位扭曲风险。地方政府行使税权，必须避免对贸易、投资等经济活动的地理位置造成扭曲，因此，许多国家禁止地方政府利用税收干预国际贸易和国内市场的运行。例如，基于生产的税收通常比基于消费的税收更有可能扭曲经济选择，因此，以目的地为基础的增值税在观念上可能优于以原产地为基础的增值税，或以有限制的原产地为基础的增值税，而以居住地为基础征收的所得税可能优于在就业地征收的所得税。① 需要注意的是，"税收竞争和避免地理位置决策的扭曲是一枚硬币的两面。税收竞争只有在存在扭曲经济活动地点的风险时才有效"。② 最后是税负输出风险。例如，假定香烟进口非法，一个国家唯一的卷烟厂所在地的地方政府对烟草产品的生产征税，就会产生税负输出问题。之所以不能把可能产生大量税负输出的税收分配给地方政

① Charles E. McLure Jr. The Tax Assignment Problem: Ends, Means, and Constraints [J]. *Australian Tax Form*, 1994, 11 (2): 161.

② Charles E. McLure Jr. *The Tax Assignment Problem: Conceptual and Administrative Considerations in Achieving Subnational Fiscal Autonomy* [R]. World Bank, 1999.

府，是因为税负输出是不公平的，它鼓励地方公共部门以牺牲非居民为代价进行过度扩张。[①] 此外，确立地方税权，地方政府之间可能会陷入“逐底”式恶性税收竞争，从而存在侵蚀政府税收收入的风险。

在我国，重构地方税权，从税权意义上完善地方税体系，除了上述普遍性的难题外，还面临着诸多现实困境。一方面，税权集中体制下，重构地方税权制度面临诸多现实挑战。分税制“充其量是一种税收分成制，划分预算收入和税收立法的权力全部集中在中央”。[②] 另一方面，“落实税收法定原则”对确立地方税权带来一定的抑制性影响。税权集中与税收法定之间呈现出明显的耦合效应：税权集中得到税收法定的支撑，变得更加稳固；税收法定有了税权集中的体制依靠，变得富有刚性。[③] 因此，在落实税收法定原则的背景下，重构地方税权、完善地方税体系似乎变得更加困难。

面对上述多重困境，确立地方税权、完善地方税体系似乎成了一件很难完成的任务。然而，今后的财税体制改革是仍然延续收入划分意义上的地方税，还是构建税权意义上的地方税，是无法回避、必须直面的重大抉择。深化财税体制改革乃至推进国家治理现代化必然要求地方税体系不能止步于其财政收入功能、满足于其作为转移支付的特殊手段，而应该从税权意义上构建具有可持续性的地方税体系，这意味着地方税的重生。这需要深刻阐释地方税的治理功能，明确地方税权对地方税治理功能的意义，从而为重构地方税权，进而完善地方税体系奠定坚实的基础。

第二节　地方税的治理功能与功能缺失

长期以来，地方税的功能被遮蔽在中央税的功能之下，并未得到重

① Charles E. McLure Jr. *The Tax Assignment Problem: Conceptual and Administrative Considerations in Achieving Subnational Fiscal Autonomy* [R]. World Bank, 1999.

② 叶姗．税权集中的形成及其强化——考察近 20 年的税收规范性文件 [J]．中外法学，2012 (4)：783.

③ 王茂庆．税权集中背景下的税收法定原则 [J]．河南财经政法大学学报，2020 (5)：14.

视和挖掘，直接影响了地方税权的确立和地方税体系的完善，根源在于忽略了税收功能与税权配置之间的密切相关性。

多层级财政中税收分配问题是财政联邦理论持续关注的重点问题之一。奥茨（Wallace E. Oates）、伯德（Richard M. Bird）、麦克卢尔（Charles E. McLure Jr）等学者延续了马斯格雷夫（Richard A. Musgrave）的分析路径，即从税收功能切入，探讨税收分配问题。[①] 马斯格雷夫（Richard A. Musgrave）在其 1959 年出版的经典著作《公共财政理论》中，将政府财政的职能目标划分为资源配置、收入再分配和宏观经济稳定。其中，收入再分配、宏观经济稳定属于中央政府财政的职能，资源配置则是中央和地方财政的共同职能。但是，直到 1983 年，马斯格雷夫（Richard A. Musgrave）才开始讨论税收分配问题。[②] 简单来说，某一税种被分配给哪一层级政府，取决于该税种是否有利于该层级政府所承担的财政职能目标的实现。企业所得税、累进个人所得税等有利于收入再分配、宏观经济稳定的实现，因而应分配给中央政府，相应的税权也应配置给中央政府。资源配置作为中央与地方财政的共同职能，涉及的是公共服务的供给和融资。房产税之所以是典型的地方税，是因为它能够最大限度地实现资源配置的效率。然而，国内学界在讨论税收的功能问题时，通常对中央税和地方税不加区分，而是将中央税的功能等同于所有税收的功能。学界“没有将地方政府作为独立的主体统筹考虑，更没有将视角从税收整体职能延伸到地方税职能，而地方税作为地方政府独立利益诉求的工具显然不能把税收的整体职能延伸到地方税职能”。[③] 由于地方税的功能被忽略，或者说，被中央税的功能所掩盖，税权的纵向配置便被简化为实现中央税的功能所要求的税权集中。因

① 需要注意的是，西方学界对税收分配问题的研究存在一个当然的前提，那就是，在西方国家特别是联邦制国家，地方普遍享有广泛的税权，因此，税收分配问题的讨论不需要提及税权配置问题，而在我国，学界对税种划分问题的探讨由于缺乏地方税权配置的前提，主要涉及的是收入分配问题，并不涉及税权配置问题。

② Musgrave，R. A. *Who Should Tax，Where and What*? ［A］. In Mclure，C. E. eds. Tax Assignment in Federal Countries ［C］. Canberra：Centre for Research on Federal Financial Relations. Australian National University，1983：201 –219.

③ 崔志坤，吴迪，经庭如．地方税的现实职能界定：完善地方税体系的一个前提考量［J］. 财政科学，2018（10）：100.

此，地方税权的萎缩不彰是地方税的功能缺位的必然结果。

虽然国内学界对税收功能的类型划分有多种表述，但是税收的功能可以被分为两类：财政功能和治理功能。二者就像一个硬币的两面。税收的财政功能即组织财政收入的功能，是税收的基础性、主导性功能。税收的治理功能则是调节收入分配、稳定宏观经济、推进国家治理现代化等方面的功能，具有附属性、非主导性的特点。在地方政府承担重要的公共服务和支出责任的国家，财政功能是地方税的首要的、基础的功能，同时，由于地方税难以发挥调节收入分配、稳定宏观经济的功能，所以，其治理职能主要表现在推进国家治理现代化上所发挥的作用。将税收置于国家治理现代化的视野下考察，税收的治理功能得到了部分学者的关注。“从国家治理的角度看，在税收的确立、征管以及使用过程中，通过对话和协商促进政府与社会成员的有效互动以及社会成员诉求和意愿表达机制的完善，提高公共部门的负责程度和资金使用效率，培养社会成员的社会责任意识和税收道德水平，使政府和社会成员之间形成良性互动关系，推进国家治理的负责性、透明性和有效性，是现代税收的重要职能。”① 地方税因其受益性而在当地居民与地方政府之间更容易建立具有透明性、可观察性、回应性的权责关系，因此，与中央税相比，地方税在实现税收的治理功能上具有独特的显著优势。

地方税的治理功能主要体现在，地方税不仅有助于实现地方财政自主，落实地方财政主体地位，而且有助于实现资源配置的效率，消除预算软约束，还有助于实现民主监督和问责，最终实现责任政府的法治目标。在我国，地方政府拥有独立的财政预算权，承担相对明确的事权，负有重要的支出责任，应当具有财政主体的地位。特别是《预算法》修改后，省级政府可以“通过发行地方政府债券举借债务”，拥有适度举债权，进一步表明了地方政府的财政主体地位。确立地方政府的财政主体地位，关键是确立地方税权。税权构成了地方财政自主的核心和灵魂。麦克卢尔（Charles E. McLure Jr）指出，“缺乏独立收入来源的地方各级政府不可能真正享有财政自主权；它们可能——而且很可能——

① 谷成．现代国家治理视阈下的税收职能［J］．学术月刊，2017（8）：91.

处于中央政府的财政控制之下”。[①] 地方政府拥有独立的收入来源，意味着它能够控制自己的边际收入，进而自主决定其提供的公共服务水平，政府与居民之间在征税与纳税、服务与监督、治理与认同上可以形成良性互动关系。因此，地方政府享有税权，特别是决定税率的权力，才能真正享有财政自主权，拥有财政主体的地位，才能真正实现地方税的治理功能。另外，地方税权的确立，还可以为地方之间良性的税收竞争创造条件。正如市场竞争可以保护消费者免受商业贪婪的侵害，税收竞争也有利于保护居民免于承受过重税负的风险。[②] 此外，地方税的治理功能还体现在，地方税对辖区居民权利与责任意识、公共理性和公民能力等都能产生一定影响。[③]

党的十八届三中全会通过的《中共中央关于全面深化改革若干重要问题的决定》明确提出“落实税收法定原则”。2015 年 3 月党中央批准的《贯彻落实税收法定原则的实施意见》要求，到 2020 年底，将所有税收法规上升为法律。[④] 众所周知，税权包括税收立法权、征管权、收益权等，其中，立法权是税权的基础，而税率控制权又是立法权的关键。在税收法定原则下，地方税收立法权主要以法条授权的形式存在于地方税和主要收入归地方的共享税上。虽然在法条授权的模式下，经过平移立法，地方税收立法权得到了一定程度的优化和强化，但不容否认的是，地方税权的配置仍然较为有限，影响了地方税治理功能的实现。因此，要加强地方税权的有效配置，地方税的治理功能呈现出巨大的改进和提升空间。

首先，地方税的主体税种不突出、不充分，其满足地方政府财政收

---

① Charles E. McLure Jr. *The Tax Assignment Problem*：*Conceptual and Administrative Considerations in Achieving Subnational Fiscal Autonomy*［R］. World Bank，1999.

② Charles E. McLure Jr. *The Tax Assignment Problem*：*Conceptual and Administrative Considerations in Achieving Subnational Fiscal Autonomy*［R］. World Bank，1999.

③ 张学诞. 地方税：地方治理的重要基础［J］. 国际税收，2017（11）：36.

④ 截至目前，从收入由地方专享的税种来看，环境保护税、烟叶税、耕地占用税、车船税、契税已经制定为法律，而房产税、城镇土地使用税、土地增值税仍然为行政法规；从收入主要归地方的税种来看，资源税、城市维护建设税、印花税已制定为法律；从地方参与收入分配的税种来看，企业所得税、个人所得税已全部制定为法律，增值税仍然为行政法规。另外，从收入专属于中央的税种看，车辆购置税、关税已制定为法律，消费税仍为行政法规。

入需求的功能受到了影响，因而从总体上限制了发挥地方税治理功能的空间。地方税作为地方治理的重要基础，不仅仅是因为其结构及收入状况直接影响地方政府的治理能力，还因为一个高效的地方税体系可以为地方税的治理功能的实现提供充分的运作空间。但是，倘若地方税在地方税收收入中所占比重不高，在地方财政收入中比例更低，其发挥治理功能的空间肯定是有限的。以 2017 年为例，地方一般公共预算收入 156665. 64 亿元（其中，地方一般公共预算本级收入 91447. 54 亿元，中央对地方税收返还和转移支付收入 65218. 1 亿元），地方政府性基金本级收入为 57637. 72 亿元，地方国有资本经营预算本级收入为 1334. 42 亿元，三项合计 215637. 78 亿元。[①] 地方税收入中主要归地方的共享税收入约为 23898. 1 亿元。地方税收入在地方税收收入中的比重为 34. 8%[②]，在地方一般公共预算收入中的比重约为 15. 3%，而在前三项合计的地方财政收入中的比重仅为 11. 1%。因此，地方税收入在地方财政收入中的比重较低，对地方财政收入的增减影响不大，很难决定地方政府提供公共服务的状况和水平。由此一来，地方税财政功能的作用有限，必然会抑制其治理功能的运行空间。

其次，地方政府通过诉诸现行的地方税权，基本上很难控制自己的边际收入，也无法决定地方公共服务的水平。由于地方税收入在财政收入中所占比重较低，再加上地方所拥有的税权比较有限，地方政府很难通过行使地方税权特别是税率控制权来决定自身税收收入乃至财政收入的多少，并进而决定地方公共服务的水平。结果是，在地方政府与当地居民之间难以形成透明、富有张力和弹性的权责关系，地方税权很难起到媒介或桥梁作用，因此，地方税的治理功能必然会被弱化。如果地方政府无法通过地方税获得足够的财政收入，不能诉诸规范化的税权途径控制自己的边际收入，就会转向寻求土地出让金、中央转移支付、收

① 财政部. 关于 2017 年中央和地方预算执行情况与 2018 年中央和地方预算草案的报告［EB/OL］.［2022 - 01 - 20］http：//www. mof. gov. cn/gp/xxgkml/bgt/201803/t20180329_ 2856724. html.

② 白景明. 分税制条件下地方一般公共预算收入状况分析［J］. 经济研究参考，2019（2）：20.

费、罚没等非税收入以及举借债务，这也不利于地方政府治理水平的提升。

最后，地方税权的现行配置容易造成地方政府过度依赖中央转移支付，导致地方特别是基层财政的“悬浮化”，不利于多元共治格局的形成。如果地方政府特别是基层政府过度依赖中央或者上级政府的转移支付，会影响地方的财政主体地位，易于导致辖区居民对地方政府难以监督问责，而且易于造成预算软约束。从全国情况看，2020 年，中央一般公共预算支出 118410.87 亿元，而中央对地方转移支付高达 83315.3 亿元，地方一般公共预算收入 183439.14 亿元。[①] 因此，中央对地方的转移支付约占中央一般预算支出的 70.4%，约占地方一般预算收入的 45.4%。有学者通过考察税费改革对国家与农民关系的影响，发现县乡基层政权由过去向农民“要钱”“要粮”变为“跑钱”和借债，正在变为依靠上级转移支付的“悬浮型”政权。[②] 与此类似，相对于个别省级政府对中央转移支付的依赖，部分市县政府对上级财政补贴的依赖更为严重和突出，个别基层财政日益呈现出严重的“悬浮化”。“如果一个地方的财力过度依赖上级转移支付或补助，则在责任意识和行为取向上趋向于上级政府或部门。”[③] 因此，个别地方财政“悬浮化”的结果是，个别地方政府提供地方公共服务失去了地方税的利益激励，地方企业和居民也无法对地方政府施加压力，地方政府简单化为中央政府的代理人角色，多元共治的格局难以形成。

此外，地方税权有限，地方税收征纳与地方公共服务之间的关联性薄弱，不仅弱化了地方政府行为的问责性，而且不利于当地居民的公共责任和权利意识的塑造，以及公共理性和治理能力的培育。

---

① 财政部. 关于2020年中央和地方预算执行情况与2021年中央和地方预算草案的报告（摘要）[EB/OL]. [2022-01-20] http://www.mof.gov.cn/zhengwuxinxi/caizhengxinwen/202103/t20210306_3666607.htm.

② 周飞舟. 从汲取型政权到“悬浮型”政权——税费改革对国家与农民关系之影响 [J]. 社会学研究，2006（3）：1-37.

③ 张学诞. 地方税：地方治理的重要基础 [J]. 国际税收，2017（11）：35.

第三节　法定原则下重构地方税权的建议

作为地方税权的核心，地方税收立法权是地方税权配置的关键。地方税权配置的最终目标应该是确立地方的自主性税收立法权，但是在最终目标实现前，可以开辟特别授权立法，并保留法条授权立法，作为过渡阶段的地方税权配置模式。

根据《立法法》第 82 条第 1 款，“为执行法律、行政法规的规定，需要根据本行政区域的实际情况作具体规定的事项”可以制定地方性法规，确立了地方的执行性立法权；“属于地方性事务需要制定地方性法规的事项”可以制定地方性法规，确立了自主性立法权；又根据第 82 条第 2 款，“除本法第十一条规定的事项外，其他事项国家尚未制定法律或者行政法规的，省、自治区、直辖市和设区的市、自治州根据本地方的具体情况和实际需要，可以先制定地方性法规”，从而确立了先行性立法权。根据《立法法》第 8 条第 6 项，“税种的设立、税率的确定和税收征收管理等税收基本制度”只能制定法律，因此，税收事项应该不属于执行性、自主性和执行性的立法事项，可以说，基本上排除了地方关于税收事项的自主性立法权。需要检讨的是，《立法法》对中央税、共享税和地方税未加以区分，而将所有的税收事项从“地方性事务”中一概予以排除，是否合理？

首先，中央税不属于“地方性事务”，中央与地方共享税也不具有“地方性事务”的属性，地方税应该属于典型的“地方性事务”，应该属于地方自主性立法的事项范围。《立法法》所提出的“地方性事务”包括两个要素：一是发生在某一个区域；二是只能由地方来处理或者至少由地方处理更有意义。将地方性事务由地方处置，既可以收因地制宜之效，又可以缩短立法者与民众的差距，还可合理分配工作负担。[①] 事

① 叶金育．法定原则下地方税权的阐释与落实［J］．苏州大学学报（哲学社会科学版），2016（5）：71.

实上，地方税因其受益性而属于典型的、纯粹的“地方性事务”，理所当然地应属于地方自主立法的事项范围。

其次，地方对地方税事项不能行使自主性立法权，导致地方的自主性立法权缺乏财政、经济的有效支撑。地方享有自主性立法权，是基于地方对于“地方性事务”的自主管理，是对地方事权的法律确认。地方对“地方性事务”进行自主立法，必然意味着地方支出责任的加重，但是地方却不能就地方税事项进行自主立法，无法就地方自主立法所确立的治理事项匹配相应的税收收入，为其提供物质基础。根据《宪法》第107条，“县级以上地方各级人民政府依照法律规定的权限，管理本行政区域内的经济、教育、科学、文化、卫生、体育事业、城乡建设事业和财政、民政、公安、民族事务、司法行政、计划生育等行政工作”。根据《立法法》第82条，省、自治区、直辖市和设区的市、自治州的人大及其常委会可以就地方性事务行使自主性立法权。不论是地方政府管理事业、进行行政工作，还是地方人大就地方性事务行使立法职权，都需要财政、税收的经济支持。

最后，地方拥有适度的举债权，而自主性税收立法权不足，容易出现结构性困境。《预算法》第35条第2款规定：“经国务院批准的省、自治区、直辖市的预算中必需的建设投资的部分资金，可以在国务院确定的限额内，通过发行地方政府债券举借债务的方式筹措。举借债务的规模，由国务院报全国人民代表大会或者全国人民代表大会常务委员会批准。省、自治区、直辖市依照国务院下达的限额举借的债务，列入本级预算调整方案，报本级人民代表大会常务委员会批准。”因此，地方“必需的建设投资的部分资金，可以……通过发行地方政府债券举借债务的方式筹措”，倘若不能通过自主性税收立法来筹集建设资金，在逻辑上是讲不通的。通过发行政府债券举借的债务，如果最终不是通过地方自主税收立法的收入偿还，而是由中央转移支付或者其他方式来偿还的话，地方政府债务就不是真正意义上的地方债务，地方债务扩张的风险便难以避免。为避免道德风险，举借债务的主体应当为偿还债务的主体，具体来说，应该由债务主体的自有资金偿还。也就是说，地方政府通过发行债券举借的债务，应该通过地方自主税收立法获得的税收收入偿还，这是地方债的应有之义。确立地方税权，提高地方税收入在地方财政收入中的比重，扩大地方税收入增减的弹性空间，可以消除有限的地方税权与不断扩张的地方政府债务之间的结构性难题。

那么，税收法定原则下重构地方税权是否存在可能？如果要赋予地方自主性税收立法权，应当对《立法法》上的税收法定条款做适度的修正，使其能够容纳地方税收立法权的存在。[①] 基于以上分析，完全可以通过立法解释，将第 8 条第 6 项“税种的设立、税率的确定和税收征收管理等税收基本制度”中的“税种”进行目的性限缩，限缩为中央税和部分共享税，将地方税收入中主要归地方的共享税排除在外，从而一劳永逸地解决地方的自主性税收立法权问题。为此，可以借鉴日本的做法，制定一部地方税法。日本的《地方税法》制定生效之后，地方在开征地方税时，只能在该法规定的范围内选择。对列举的每个税种，《地方税法》都已经规定了课税要素，实际上相当于一个标准法。如果没有地方立法的转化，《地方税法》对纳税人不产生法律效力。[②] 例如，根据《日本地方税法》第 1 条，标准税率是“地方团体课税时可以使用或认为其财政上有特殊需要时也可以不使用的税率。也是总务大臣制定地方拨交税额之际，以其作为计算基准财政收入额的算定基础所使用的税率”。只有确立地方的自主性税收立法权，才有可能真正实现地方的财政自主，保障地方的财政主体地位，使其真正成为一级权力主体和责任主体，进而真正发挥地方税的治理功能，切实推进国家治理的现代化。

地方的自主性税收立法权作为一项远期目标，短时间内实现有一定的难度，现阶段可以构建“特别授权 + 法条授权”的立法模式，作为过渡时期的地方税权配置安排。根据《立法法》，特别授权立法的授权对象是国务院而不是地方，地方之所以不能成为特别授权立法的授权对象，是因为地方享有自主性立法权，一般不需要特别授权。[③] 但是，完

① 苗连营．税收法定视域中的地方税收立法权［J］．中国法学，2016（4）：170.

② 熊伟．财政法基本问题［M］．北京：北京大学出版社，2012：128.

③ 《立法法》也规定了例外情形，第 74 条规定：“经济特区所在地的省、市的人民代表大会及其常务委员会根据全国人民代表大会的授权决定，制定法规，在经济特区范围内实施。”

全排除对地方进行特别授权，不仅使地方失去了一条合法获得税收立法权的制度通道，也未必符合税收立法的实际需要。例如，自由贸易区、区域性的重大发展战略等，往往都需要相应的税收政策配套推进，但这些税收问题中央立法尚缺乏成熟的经验，需要地方先行先试。可以考虑将《立法法》第9条修改为："本法第八条规定的事项尚未制定法律的，全国人大及其常委会有权作出决定，授权国务院或省级人大及其常委会可以根据实际需要，对其中的部分事项先制定行政法规或地方性法规。"① 但在法条授权模式下，地方的税收立法权非常有限，主要是对地方税的税率具有非常有限的调整权。但是，在现有的税权配置框架下，积极扩大法条授权也是推进地方财政自主、发挥地方税治理功能的重要选项。

综上所述，学界大多从税种清单的意义上阐述地方税体系的完善问题，似乎确立了地方税的主体税种、保证了地方税收入，完善地方税体系的任务就大功告成。"在地方税体系尚难确立的情况下，谈论地方税收立法权的范围只能是纸上谈兵。"② 这种将税权配置问题从地方税体系完善的讨论中剥离出来的做法是值得商榷的。似乎是，重建地方税主体税种、完善地方税体系是当务之急，讨论地方税权配置问题则操之过急，甚至没有多大的意义。但是，问题的关键在于，缺乏地方税权内核的地方税并不是真正意义上的地方税。没有地方税权的支撑，重建地方税的主体税种、完善地方税体系又怎么可能？可以说，只有地方能够充分有效地行使地方税收立法权，才可能不断完善地方税体系。因此，确立地方税权是地方税体系完善的前提和基础。将地方税权配置问题从地方税体系的完善中剥离出来，根本无法实现地方税体系的重构。因此，本章更深的意图不仅仅在于通过阐释地方税的治理功能，为重构地方税权奠定新的根基和有效支撑，积极推进地方治理乃至国家治理的现代化进程，还在于通过地方税权的确立，为构建和完善具有可持续性的地方税体系开辟新的视角和路径。

---

① 苗连营．税收法定视域中的地方税收立法权［J］．中国法学，2016（4）：172.

② 苗连营．税收法定视域中的地方税收立法权［J］．中国法学，2016（4）：174.

第六章

地方税权与地方政府债务治理

举债权是规范的分税制下地方政府应有的财权之一。发行地方政府债券有利于运用市场机制筹集资金，有效地实现地方政府职能。2009年以来，我国地方政府债券历经了“代发代还”“自发代还”“自发自还”三个发展阶段，逐步从监督机构、预算管理、发行额管理、债券资金使用、信息披露、信用评级、债务限额、风险评估预警、考核问责、绩效管理等方面构建起了系统、完善的监管机制和体系。加强和完善地方政府债务治理不仅是建立现代财政制度、优化财政治理体系的应有之义，也是推进国家治理现代化的必然要求。党的十九届四中全会对加快建立现代财政制度提出了新要求；党的十九届五中全会强调，要健全政府债务管理制度，完善规范、安全、高效的政府举债融资机制。如果地方政府不能通过自主税收立法获得并控制自己的税收收入，地方政府的举债主要不是通过自有收入来偿还，那么就难以消除道德风险，很难对地方政府债务扩张进行硬约束。因此，从根本上看，税权集中体制背景下，防范地方政府债务风险，控制地方政府债务扩张，还需要“优化政府间事权与财权划分”，进而对地方税权进行制度重构。确立地方政府的财政主体地位，是地方政府债务治理的根本举措。

第一节　地方政府债务治理的路径选择与制度构建

党的十九大报告提出，“守住不发生系统性金融风险的底线”，要坚决打好防范化解重大风险攻坚战。2017 年 12 月，中央经济工作会议将“防范化解系统性金融风险”列为“三大攻坚战”之首。2018 年 12 月，全国财政工作会议强调要“严格控制地方政府隐性债务，有效防范化解财政金融风险”。防范化解重大风险的重点是金融风险，而防范化解金融风险的焦点是地方政府债务风险。① 2019 年国务院《政府工作报告》中强调“防范化解重大风险要强化底线思维，稳妥处理地方政府债务风险”。近年来，在积极财政政策背景下，地方政府债务规模不断扩张，债务风险虽然总体可控，但也不容忽视。2021 年 12 月召开的全国财政工作会议进一步提出，“强化预算约束和绩效管理，坚决遏制新增地方政府隐性债务”。2022 年中央经济工作会议将防范化解地方政府债务风险作为重要任务。2023 年 7 月，中共中央政治局会议明确提出“要有效防范化解地方债务风险，制定实施一揽子化债方案”。

自《预算法》和《国务院关于加强地方政府性债务管理的意见》(国发〔2014〕43 号) 实施以来，“修明渠、堵暗道”成为地方政府债务治理的主线。据此，地方政府债务被制度性地划分为显性债务和隐性债务。②《预算法》和《国务院关于加强地方政府性债务管理的意见》(国发〔2014〕43 号) 赋予省级政府适度举债权，规范地方政府发债举债行为，从而将地方政府债务显性化，即为“修明渠”；2017 年 7 召开

① 这主要源于“财政与金融在我国的关系呈现出含混不清的状态，金融系统与地方财政系统没有保持应有的安全距离，金融行使着某些财政职能或者说金融替代了部分财政功能”。参见李安安．财政与金融法律界分视域下的地方债务治理［J］．政法论丛，2018（6）：108.

② 世界银行高级专家 Hana Polackova 的财政风险矩阵模型是最早系统阐述政府隐性债务的最具代表性理论，是该领域的扛鼎之作。该矩阵模型将政府债务分为直接债务、或有债务、显性债务和隐性债务四类。参见 Hana Polackova. Contingent Government Liabilities：A Hidden Risk for Fiscal Stability［R］. Policy Research Working Paper，1998.

的中共中央政治局会议首次提出“隐性债务”的概念，中共中央、国务院随后印发了《关于防范化解地方政府隐性债务风险的意见》（中发〔2018〕27号），中共中央办公厅、国务院办公厅接着发布了《关于印发〈地方政府隐性债务问责办法〉的通知》（中办发〔2018〕46号），集中整治地方政府隐性债务，此为“堵暗道”。财政部数据显示，截至2023年末，地方政府债务余额407372.93亿元，包括一般债务余额158687.48亿元、专项债务余额248685.45亿元，控制在全国人大批准的债务限额421674.3亿元以内。隐性债务规模庞大、透明度低、举债主体多元、债务形式多样、还款来源不可持续，有可能成为我国经济最大的“灰犀牛”。[①] 2024年3月，财政部发布了《2023年中国财政政策执行情况报告》，提出“坚决遏制隐性债务增量”，并具体要求“严堵违法违规举债融资的‘后门’，着力加强风险源头管控，硬化预算约束”，“严格地方建设项目审核，严管新增项目融资的金融‘闸门’，强化地方国有企事业单位债务融资管控，严禁违规为地方政府变相举债，决不允许新增隐性债务上新项目、铺新摊子”。

由防范化解金融风险触发的地方政府债务治理问题已经引起了社会各界的广泛关注，成为法学界、财政学界、金融学界等跨学科研究的热点。地方政府债务问题涉及财政、税收、金融等多个领域，以及国家治理、政府转型、体制改革等重大问题，其复杂性决定了治理的难度。正因为如此，学者提出的制度建议往往面广点多，比较零乱。特别是关于风险化解、危机控制方面的对策性研究固然不可或缺，但可能低估了地方政府债务治理的复杂程度。面对地方政府债务问题的各种复杂原因和现象，抽丝剥茧，追根溯源，发现财政分权下才会存在地方政府债务问题，财政分权是地方政府债务问题的逻辑的、历史的原点。只有将地方政府债务问题置于财政分权下考察，才能正本清源，债务治理才能走上正路。财政分权下的地方政府债务治理，首先面临着路径选择问题。路径选择不同，制度构建迥异。财政分权及其决定的分权式治理，构成了地方政府债务治理的逻辑路径，决定了财政分权作为债务治理的制度根

---

① 李丽珍，安秀梅．地方政府隐性债务：边界、分类估算及治理路径［J］．当代财经，2019（3）：37.

基地位，而从财政分权的逻辑中延伸出来的分权式治理构成了债务治理的制度主体地位。

一、地方政府债务的逻辑起点与历史演变

按照逻辑与历史相统一的思维方法，不难发现，财政分权构成了地方政府债务问题的逻辑的、历史的原点，没有财政分权就不会有地方政府债务问题。我国地方政府债务问题恰恰是与财政分权的体制改革同步展开、演化变迁的。

（一）地方政府债务的逻辑起点

地方政府债务产生和扩张的原因是多方面的、复杂的。诸如，主观层面上的地方政府非理性行为，客观层面上的经济增长、财政体制、管理体制、投融资体制、行政体制和宏观政策，等等。例如，有学者认为，造成地方政府隐性债务问题的根本原因在于地方政府内生的非理性因素，“以 GDP 论政绩”的不合理考核体制，单一行政架构下地方政府萌生的中央兜底的潜意识，债务期限和官员任职期限不一致诱发的道德风险①，等等，可谓众说纷纭，莫衷一是。

然而，如何在诸多纷繁复杂、各不相同的原因中抽丝剥茧，抓住地方政府债务问题的根本？本书认为，应该回归到其逻辑起点。从逻辑上分析，地方政府债务形成的根源在于地方政府拥有一定的财政自主权，具备了一定的财政主体地位，以及独立承担债务责任的能力。否则，地方政府债务就是一个假论题。换言之，地方政府债务问题只有在财政分权体制下才可能存在。学界对财政分权与地方政府债务之间的关系也做出了深刻的阐释。例如，有学者认为，财政金融制度（主要是财政分权和金融分权）是影响地方公共债务增长的主因；其他因素（例如债务管理制度、新城建设和非正规金融等），或者本身是财政分权或金融分权等根本性体制因素作用的结果，或者仅对地方公共债务产生暂时性

① 郑祖昀，黄瑞玲．地方政府隐性债务问题研究：一个文献综述［J］．地方财政研究，2019（5）：46.

影响，难以作为根源进行分析。[①] 还有学者认为，财政分权是地方政府举借债务的“原因”，金融分权则是地方债务扩大从“原因”变成“事实”的“载体。[②] 2017 年 12 月 27 日，审计署网站公布的《财政部关于坚决制止地方政府违法违规举债遏制隐性债务增量情况的报告》明确提出，“一些金融机构推波助澜”“违法违规融资行为问责不到位”是“地方政府违法违规举债问题的成因”之一。例如，“有些金融机构认为地方政府不会破产也不敢破产，存在财政兜底幻觉，加上政府背景项目融资规模大，利率弹性小，容易快速提升单位经营业绩和个人绩效奖励，对这类项目趋之若鹜，没有按照市场化原则严格评估政府背景项目风险，放松风险管控要求，大量违规提供融资。一些中央企业向金融机构融资后，通过合同约定由地方政府回购或保证最低收益等方式，参与地方政府项目建设，助推地方政府变相举债”。总之，财政分权是地方政府债务问题的逻辑起点。

（二）地方政府债务的历史演变

新中国成立至今的财政管理体制先后经历了计划经济时期的“统收统支”的高度集中财政管理体制、从计划经济向市场经济过渡阶段的“分灶吃饭、财政包干”的财政管理体制以及社会主义市场经济时期的分税制财政管理体制。在高度集中的财政管理体制阶段，虽然其间有几次短期的财权下放，但并不存在真正意义上的财政分权，本质上仍然是财政集权体制。全国上下“一盘棋”，地方财政收支完全由中央政府决定和“兜底”，而且在较长的时期内，全国“既无外债也无内债”，因此，财政集权体制下基本上不存在地方政府债务问题。

改革开放以来，市场经济体制逐步建立，政府与市场之间的“经济性分权”使得市场在资源配置中逐步起到基础性乃至决定性作用。与此同时，为调动地方发展经济、提供公共服务的主动性、积极性，中央政府与地方政府之间的“行政性分权”开启了财政分权体制改革的

① 毛捷，刘潘，吕冰洋．地方公共债务增长的制度基础——兼顾财政和金融的视角［J］．中国社会科学，2019（9）：48.

② 陈宝东，邓晓兰．财政分权、金融分权与地方政府债务增长［J］．财政研究，2017（5）：51.

历史进程。“分灶吃饭、财政包干”的财政管理体制虽然有效地调动了地方发展经济的积极性，但同时也造成了中央政府财政收入紧张、市场不统一等问题。因此，这一分权体制具有任意性、不稳定性和不可持续性的特点。不过，在此阶段，地方政府作为财政主体地位的雏形开始显现。标志性事件是1979年开始的“拨改贷”制度，即基本建设投资由财政无偿拨款，改为通过中国人民建设银行以贷款方式供应。与此同时，地方政府在财权受限的约束下开始尝试通过各种变相方式和间接渠道举借债务。地方政府举借债务最早可以追溯至1979年，当年有4个县级政府和4个市级政府举借了负有偿还责任的债务。省级政府举借负有偿还责任或担保责任的债务的起始年主要集中在1981—1985年，涉及28个省级政府。市级和县级政府举借债务起始于1986年。1986—1990年，市、县两级政府举债数量占比高达99.5%。至1996年底，全国所有省级政府、392个市级政府中的353个（占90.05%）和2779个县级政府中的2405个（占86.54%）都举借了债务。[①] 但从整体上看，在这段时期，地方政府的举债行为受到较为严格的限制，借款程序相对规范，债务累积规模较小，风险可控。

1994年分税制改革后，我国开始逐步确立规范、合理，适应市场经济要求的财政分权体制，中央政府财政紧张的问题得到根本解决，但真正意义上的地方政府债务问题也随之而来。分税制财政分权体制下，地方政府开始拥有一定的财权，具备了一定的独立承担债务责任的能力。然而，“财权上移、事权下放”的分权制度设计使地方政府的财力自主权受到影响，财权与事权不相适应，财力与事权不匹配。地方政府面临较为严峻的财政纵向失衡局面，不得不绕过《预算法》约束来扩张表外债务。根据审计署发布的《全国地方政府性债务审计结果公告》（2011年第35号），审计发现的问题主要有：“地方政府举债融资缺乏规范”“地方政府性债务收支未纳入预算管理，债务监管不到位”“部分地区和行业偿债能力弱，存在风险隐患”“部分政府性债务资金未及时安排使用”“部分单位违规取得和使用政府性债务资金”“地方政府

① 审计署．《全国地方政府性债务审计结果公告》，2011（35号）。

融资平台公司数量多，管理不规范”。其中，“融资平台公司数量多”，“债务规模大”，“部分融资平台公司管理不规范、盈利能力较弱”。审计发现，“有1033家融资平台公司存在虚假出资、注册资本未到位、地方政府和部门违规注资、抽走资本等问题，涉及金额2441.5亿元；由于融资平台公司举借的债务资金主要投向回收期较长的公益或准公益性项目，盈利能力较弱，有26.37%共计1734家融资平台公司出现亏损”。

《预算法》确立了省级政府的适度举债权，是地方政府债务治理的巨大转折，是继分税制改革赋予地方一定税权之后的另一项实质性的重大财政分权举措。于是，地方政府债务治理发生了结构性变化，“修明渠、堵暗道”成为债务治理的主线。

二、集权抑或分权：地方政府债务治理的路径选择

从计划经济时期过来的人们，都记得一句老话：一管就死，一放就乱。不容否认的是，在当下的某些领域治理中，还存在“一管就死、一放就乱”的现象。将改革开放以来的财政分权实践置于这样的历史背景下观察，地方政府债务问题似乎是财政分权导致的结果。推进国家治理体系和治理能力现代化，必须告别过去那种“放—乱—管—死”的恶性循环。因此，集权抑或分权成为地方政府债务治理首先要解决的路径选择问题。

（一）财政集权与财政分权的体制分野

准确把握财政分权与地方政府债务问题的关系，才能做出债务治理路径的正确选择。倘若将财政分权视为地方政府债务问题的根本原因，那么势必回归到财政集权的“老路”上去。如果客观分析现行体制存在的弊端及其与地方政府债务问题的联系，则可继续推进分税制财政体制改革。因此，债务治理的路径选择上存在财政集权与财政分权的体制分野。

关于财政分权与地方政府债务的关系问题，各国的情况差异较大。有学者认为，在发达国家，尽管财政分权可以帮助决策者提高效率、减少业务费用和提高公共部门提供服务的绩效，但是必须权衡财政分权带

来的好处和牺牲较高级别政府带来的效率、增加地方支出所涉及的风险。分权的缺陷一般包括地方财政的失控和财政决策的协调失灵，往往导致地方财政的压力，并最终影响宏观经济的稳定。① 因此，即便在比较规范合理、成熟稳定的财政分权体制下，也必然会存在地方政府债务问题。但是，在发展中国家，地方政府债务膨胀的根源往往在于政府间的财政关系，包括非均衡缺口和转移支付标准不透明等。我国作为转型国家，与发展中国家存在较多的相似性。地方政府性债务资金在弥补地方财力不足、应对危机和抵抗自然灾害、改善民生和加强生态环境保护、推动地方经济社会持续发展等方面，发挥了积极作用。当然，加强地方政府债务管理，面临着防范化解债务风险的压力。因此，《国务院关于加强地方政府性债务管理的意见》（国发〔2014〕43 号）明确要求："建立'借、用、还'相统一的地方政府性债务管理机制，有效发挥地方政府规范举债的积极作用，切实防范化解财政金融风险，促进国民经济持续健康发展。" 学界一般认为，事权划分不合理、财权与事权不匹配、预算软约束以及隐性担保等，导致了地方公共债务规模的持续扩大。例如，有学者认为，财政分权的特征表现为预算内集权和预算外分权，利用"地方财政自主度"表征的财政分权对地方债务的增长有明显的促进作用。地方政府预算内集权度越高，财政缺口越大，地方政府就越会追求预算外收入，借助土地的融资功能增加地方债务。②

由此可见，即便是规范、合理的财政分权体制，也会存在地方政府债务问题，而不规范、不合理的财政分权体制则会增加地方政府债务问题。有学者指出，财政分权也能硬化政府预算约束，使地方政府不得不在自有财力内减少财政赤字。③ 因此，学界并没有从中得出回到财政集权以根治地方政府债务问题的结论。正如高度集中的财政管理体制阶段不存在地方政府债务一样，虽然财政集权可以从根本上消除地方政府债

① L. R. De Mello. Fiscal Decentralization and Intergovernmental Fiscal Relations: A Cross-Country Analysis [J]. *World Development*, 2000, 28 (2): 375 -376.

② 陈宝东，邓晓兰. 财政分权、金融分权与地方政府债务增长［J］. 财政研究，2017（5）：51.

③ QianYingyi, Gerard Roland. The soft budget constraint in China [J]. *Japan and the World Economy*, 1996, 8 (2): 207 -223.

务问题，但是退回到计划经济时代的财政集权体制显然是“因噎废食”，是不可能的。

（二）集权式治理与分权式治理的路径抉择

治理地方政府债务问题虽然不能走财政集权的“回头路”，却存在集权式治理和分权式治理的抉择问题。尽管集权式地方政府债务治理未必会退回到财政集权的旧体制，但是自上而下的单向度治理，仍然会延缓财政分权体制改革进程，甚至使其陷于停滞。

Ter-Minassian 和 Jon Craig 关于地方政府债务治理模式的研究，对研究财政分权体制下地方政府债务治理的路径选择问题具有重要的借鉴意义。他们对各国解决地方政府债务问题的手段、方法进行了类型化分析，概括出市场约束、协商管理、规则控制和中央直接控制四种模式，并且指出，每一种模式各有其优点、缺点，而且大多数国家都会混合使用。总体来看，虽然市场约束非常具有吸引力，但仅仅依靠市场约束来控制地方政府举债是不合适的，因为实现市场约束有效运作的一项或多项条件往往难以满足。不过市场约束对其他模式是有益的补充。就中央直接控制来说，财政分权的趋势似乎与其产生越来越大的冲突，因此，中央直接控制的重要性将会下降。规则控制是指由法律制定地方政府债务治理的各种规则，例如，禁止地方政府从中央银行举债、严格限制地方政府向国外举债，地方政府举债限定为投资目的，等等。规则控制好于中央直接控制。此外，在规则控制基础上，可以通过各级政府合作，即以协商管理的方法遏制债务增长，在这种情况下，中央直接控制可以演变为中央政府在协商管理模式下的领导作用。① 从两位学者的分析中不难发现，他们对市场约束非常青睐，但是由于发挥市场约束的条件比较缺乏，转而非常重视规则控制模式。他们的主要观点是，地方政府债务治理以规则控制模式为基础，发挥市场约束和协商管理的作用，而对中央直接控制这种集权式的治理模式缺乏足够的信心。总之，他们的核心主张是分权式的地方政府债务治理。

---

① Teresa Ter-Minassian, Jon Craig. *Control of Subnational Government Borrowing*. in Teresa Ter-Minassian, ed. Fiscal Federalism in Theory and Practice (Chapter 7), IMF, 1997.

如果说财政集权抑或财政分权的分野，确定的是地方政府债务治理的体制根基问题，那么集权式治理还是分权式治理的抉择，涉及的则是地方政府债务治理的制度主体问题。如果把地方政府债务问题划分为规范、合理的财政分权体制下固有的地方政府债务问题（如“大而不能倒”的地方政府债务问题）与不甚合理、规范的财政分权体制下的地方政府债务问题（如我国的地方政府隐性债务问题），那么后者的治理不仅需要建立健全规范、合理的财政分权体制，而且需要在此基础上构建分权式的地方政府债务治理制度。

三、财政分权：地方政府债务治理的体制根基

既然财政分权是地方政府债务问题的逻辑起点和制度根源，那么解决地方政府债务治理问题就要先打好基础。只有建立健全规范、合理的财政分权体制，才能奠定债务治理的根基和前提。

（一）实现事权配置的合理化、法治化

治理地方政府债务问题，需要从源头即地方事权上“做文章”，方能起到“釜底抽薪”之效。合理划分事权和支出责任是建立科学、规范政府间关系的核心内容①，也是地方政府债务治理的根基。事权配置合理化是事权配置法治化的事理基础，而事权配置法治化则是事权配置合理化的制度保障。

1994 年实施的分税制改革，初步构建了中国特色社会主义制度下中央与地方财政事权和支出责任划分的体系框架，为我国建立现代财政制度奠定了良好基础。在新的形势下，财政事权和支出责任划分与推进财税改革和国家治理现代化要求相比，需要逐步改变“财权上移、事权下移”的局面。“事权下移”意味着地方政府承担更多的支出责任。尽管地方政府债务问题还存在土地财政刺激等其他原因的加持性影响，但是“事权下移”无疑是基础性的原因。近年来，央地之间财政事权的合理化配置取得了非常大的成效。《国务院关于推进中央与地方财政

① 商祺．国家治理现代化视野下的事权与支出责任划分［J］．公共财政研究，2020（6）：85.

事权和支出责任划分改革的指导意见》（国发〔2016〕49号）提出，"中央与地方财政事权和支出责任划分不尽合理，一些本应由中央直接负责的事务交给地方承担，一些宜由地方负责的事务，中央承担过多，地方没有担负起相应的支出责任；不少中央和地方提供基本公共服务的职责交叉重叠，共同承担的事项较多；省以下财政事权和支出责任划分不尽规范；有的财政事权和支出责任划分缺乏法律依据，法治化、规范化程度不高"，明确要求"科学合理划分中央与地方财政事权和支出责任，形成中央领导、合理授权、依法规范、运转高效的财政事权和支出责任划分模式，落实基本公共服务提供责任，提高基本公共服务供给效率，促进各级政府更好履职尽责"，具体包括："适度加强中央事权和支出责任"，将"体现基本公共服务受益范围"确立为划分中央和地方事权的主导原则，并"适度加强中央的财政事权"，"保障地方履行财政事权"，"减少并规范中央与地方共同财政事权"，"建立财政事权划分动态调整机制"。对中央与地方财政事权划分做出了相对比较具体的规定。党的十九大报告进一步明确提出，"建立权责清晰、财力协调、区域均衡的中央和地方财政关系"。此后，国务院办公厅陆续发布了基本公共服务、医疗卫生、科技、教育以及生态环境等领域的中央与地方财政事权和支出责任划分改革方案。2018年1月27日，国务院办公厅发布了《基本公共服务领域中央与地方共同财政事权和支出责任划分改革方案》，就基本公共服务领域中央与地方共同财政事权和支出责任划分改革作出了部署安排。该方案首先将教育、医疗卫生、社会保障等领域中与人直接相关的主要基本公共服务事项明确为中央与地方共同财政事权，并合理划分支出责任，同时完善相关转移支付制度，确保更好地为人民群众提供基本公共服务。该方案纳入中央与地方共同财政事权的范围，目前暂定为八大类18项，具体包括：一是义务教育，包括公用经费保障、免费提供教科书、家庭经济困难学生生活补助、贫困地区学生营养膳食补助4项；二是学生资助，包括中等职业教育国家助学金、中等职业教育免学费补助、普通高中教育国家助学金、普通高中教育免学杂费补助4项；三是基本就业服务，包括基本公共就业服务1项；四是基本养老保险，包括城乡居民基本养老保险补助1项；五是基本医疗保障，包括城乡居民基本医疗保险补助、医疗救助2项；六是基本卫生计生，包括基本公共卫生服务、计划生育扶助保障2项；七是基本生活救助，包括困难群众救助、受灾人员救助、残疾人服务3项；八是基本住房保障，包括城乡保障性安居工程1项。

当然，实现央地之间事权配置的合理化是非常复杂的，实现央地之间事权配置的法治化也不可能一蹴而就。《国务院关于推进中央与地方财政事权和支出责任划分改革的指导意见》（国发〔2016〕49号）等规范性文件的陆续发布，对推进央地之间事权配置的法治化具有重要意义。该指导意见明确要求，推进中央与地方财政事权和支出责任划分改革，“坚持法治化规范化道路”，“要将中央与地方财政事权和支出责任划分基本规范以法律和行政法规的形式规定，将地方各级政府间的财政事权和支出责任划分相关制度以地方性法规、政府规章的形式规定，逐步实现政府间财政事权和支出责任划分法治化、规范化，让行政权力在法律和制度的框架内运行，加快推进依法治国、依法行政”。

（二）重构地方税体系和地方税权

中央与地方的财政关系要真正实现“财力协调”，地方政府应该以地方财权形成的自有财力为基础，而不能过度依赖中央对地方的转移支付。重构地方税体系和地方税权，不仅是解决地方债务问题的基础，而且对推进国家治理现代化具有重要意义。

地方政府的税收收入有三个来源：一是地方专享税，共有8种，包括房产税、车船税、契税、烟叶税、城镇土地使用税、耕地占用税、土地增值税和环境保护税；二是收入主要归地方政府的共享税，包括资源税、印花税、城市维护建设税；三是其他共享税，包括增值税、企业所得税、个人所得税。一般来说，学界对前两种收入来源使用地方税的概念。在当前的地方税体系中，收入占比较高的税种为契税和土地增值税，其次为城市维护建设税、印花税和房产税。这些税种的收入总额和占比都不算高，难以担当地方税体系主体税种的重任。因此，地方税虽然数量比较多，但基本上都是收入少的小税种，无法有效支撑地方财政支出。“营改增”改革后，地方政府的财力事责错配局面依然严峻，面临以表外融资填补表内缺口、履行上级下放事责的制度压力。为缓解地方表外举债冲动，有必要加快推进地方主体税系建设或适度调整共享税的地方分成比例，使地方政府获得稳定可预期的表内预算财力。[①] 因此，党的十八大报告提出“构建地方税体系”，党的十八届三中全会提出“完善地方税体系”，党的十九大报告提出“深化税收制度改革，健全地方税体系”。《国民经济和社会发展第十四个五年规划和 2035 年远景目标纲要》明确提出：“推进房地产税立法，健全地方税体系，逐步扩大地方税政管理权。”2023 年 12 月召开的中央经济工作会议提出，“要谋划新一轮财税体制改革”，而新一轮财税体制改革应着眼于解决地方政府财力紧张、债务持续增长的问题，关键在于理顺央地关系、健全地方税体系。由此可见，完善地方税体系已成为各方共识，但建设任重道远。健全地方税体系的关键是构建地方税的主体税系。有学者从受益性原则出发，提出“将一般性消费税、个人所得税和房地产税作为地方税，并按受益范围确定它们在不同层级地方政府的归属”。[②] 有学者认为，房地产税、零售环节消费税是最主要的地方税。[③] 有学者建议，在时机成熟时推出具有“物业费”特征的、普遍征收的房地产税作为基层政府的支柱性税种，同时，建议整合现行的城市维护建设税、教育费附加、地方教育附加及其他以企业销售额为依据征收的专项收入和地方政府性基金，推动地方零售税试点。[④] 有学者建议，在最终消费环节，消费者购买的用于消费的部分商品需要缴纳增值税，餐饮、美容美发等劳务性私人消费也需要缴纳增值税。可将这部分增值税改造为一个地方税种——地方零售和劳务税，从增值税中分离出来。[⑤] 还有学者提出，按照税率分享的模式在中央和地方政府间划分现行税制中收入规模较大的增值税、企业所得税和消费税等，提高地方政府财政收入的稳定性和可预见性。[⑥]

---

① 郭玉清，毛捷．新中国 70 年地方政府债务治理：回顾与展望［J］．财贸经济，2019（9）：54.

② 吕冰洋．地方税系的建设原则与方向［J］．财经智库，2018（2）：24.

③ 李建军．地方税体系构建研究［J］．税务研究，2022（2）：141.

④ 张斌．新发展阶段与地方税体系建设［J］．税务研究，2021（10）：14.

⑤ 倪红日．我国地方税体系建设面临的挑战及政策建议［J］．国际税收，2024（2）：19.

⑥ 谷成，蒋守建．基于国家治理现代化的中国政府间税收划分［J］．华中师范大学学报（人文社会科学版），2017（1）：45.

虽然“作为单一制国家，满足地方所需的财力比赋予其充分的财权更重要”①，但是地方税不能仅从保障地方收入的层面上来理解，更要从地方治理现代化的意义上来把握。“财政是国家治理的基础和重要支柱”意味着，税收不仅为国家治理提供财力支撑，而且也是重要的治理工具。地方税体系建设显然不能局限于充实地方财力、优化收入结构等地方税收管理领域，应基于地方财税体制作为国家治理重要制度基础的判断，把握和思考地方税体系建设在实现国家治理现代化中的功能和作用，以提升地方政府的合法化能力和有效性能力为指向。② 地方税对地方治理的影响主要体现在两个方面：一是地方税的结构及收入状况直接影响地方政府的治理能力；二是地方税对辖区居民责任与能力产生一定影响。③ 地方政府要想真正实现自主，就必须控制自己的边际收入来源，它们可以控制自己的收入水平。地方辖区的居民只有在对支付更高或更低的税收可以做出选择时，才能选择他们想要的公共服务水平。因此，实行地方财政自主的一个重要先决条件是能够选择税率。④ 由此可见，在税收国家，地方税权对于地方财政自主乃至地方治理现代化具有非常重要的意义。

《国务院关于实行分税制财政管理体制的决定》（国发〔1993〕85号）明确规定：“中央税、共享税以及地方税的立法权都要集中在中央，以保证中央政令统一，维护全国统一市场和企业平等竞争。”1994年分税制改革将税权集中在中央，对于理顺中央与地方的财政分配关系，更好地发挥国家财政的职能作用，增强中央的宏观调控能力，促进社会主义市场经济体制的建立和国民经济持续、快速、健康发展发挥了至关重要的作用。《国务院关于实行分税制财政管理体制的决定》（国发〔1993〕85号）提出，基于“调动两个积极性”，“要考虑地方利益，调动地方发展经济、增收节支的积极性”，明确了事权与财权相结合的原则，为地方税权的确定奠定了基础。2003年10月14日，党的十

① 朱青．完善我国地方税体系的构想［J］．财贸经济，2014（5）：12.

② 靳继东．基于国家治理现代化的地方税体系论析［J］．财政研究，2015（3）：43.

③ 张学诞．地方税：地方治理的重要基础［J］．国际税收，2017（11）：34.

④ Charles E. McLure Jr. *The Tax Assignment Problem: Conceptual and Administrative Considerations in Achieving Subnational Fiscal Autonomy* [R]. World Bank, 1999.

六届三中全会通过的《关于完善社会主义市场经济体制若干问题的决定》明确提出："在统一税政前提下，赋予地方适当的税政管理权。"2011 年 3 月 14 日，全国人大通过的《国民经济和社会发展第十二个五年规划纲要》提出："逐步健全地方税体系，赋予省级政府适当税政管理权限。"2013 年 11 月 12 日，党的十八届三中全会通过的《中共中央关于全面深化改革若干重大问题的决定》明确要求，"必须完善立法、明确事权、改革税制、稳定税负、透明预算、提高效率，建立现代财政制度，发挥中央和地方两个积极性"，首次提出建立现代财政制度。2019 年 10 月 31 日，党的十九届四中全会通过的《中共中央关于坚持和完善中国特色社会主义制度推进国家治理体系和治理能力现代化若干重大问题的决定》提出，"优化政府间事权和财权划分，建立权责清晰、财力协调、区域均衡的中央和地方财政关系，形成稳定的各级政府事权、支出责任和财力相适应的制度"，从而为现代财政制度划定了蓝图。2020 年 5 月 11 日，中央全面深化改革委员会审议通过了《中共中央国务院关于新时代加快完善社会主义市场经济体制的意见》，明确提出："健全地方税体系，调整完善地方税税制，培育壮大地方税税源，稳步扩大地方税管理权。"2021 年 3 月 11 日，全国人大通过的《国民经济和社会发展第十四个五年规划和 2035 年远景目标纲要》明确提出："健全地方税体系，逐步扩大地方税政管理权。"

（三）优化财政转移支付制度

强化地方政府的财政主体地位，重构地方税系和地方税权，必然会出现地方政府间的财政横向不平衡甚至失衡问题，甚至增加部分地方政府的债务问题。财政分权体制下，转移支付对于实现地区间均衡协调发展，具有重要意义。一般来说，财政转移支付是指上级政府对下级政府无偿拨付资金，包括中央对地方的转移支付和地方上级政府对下级政府的转移支付，主要用于解决地区财政不平衡问题，推进地区间基本公共服务均等化，是政府实现调控目标的重要政策工具。1994 年分税制改革确立了分税制财政体制改革，相应建立了规范的财政转移支付制度。《预算法》明确规定，财政转移支付应当规范、公平、公开，以推进地区间基本公共服务均等化为主要目标。落实《预算法》要求，我国转移支付体系随着政策变化不断拓展和调整，逐步构建起“一般性转移支付+专项转移支付”的框架，其中，一般性转移支付以均衡地区间基本财力为目的，由下级政府统筹安排使用；专项转移支付按照法律、行政法规和国务院的规定设立，用于办理特定事项。总体上形成了以财政事权和支出责任划分为依据，以一般性转移支付为主体，共同财政事权转移支付和专项转移支付有效组合、协调配合、结构合理的转移支付体系。

近年来，中央政府对地方政府转移支付的“体量”非常大，有效缓解了地方政府的财政压力，推进了地区均衡发展。2019 年中央一般公共预算支出 109475.01 亿元，中央本级支出 35115.15 亿元，而中央政府对地方政府转移支付高达 74359.86 亿元,[①] 转移支付约占中央一般预算支出的 67.9%。2023 年，中央一般公共预算支出 141164.58 亿元，对地方转移支付 102945.19 亿元,[②] 转移支付约占中央一般预算支出的 72.9%。2019 年，地方一般公共预算收入 175491.92 亿元，其中，中央转移支付收入 74415.1 亿元,[③] 转移支付收入约占地方一般公共预算收入的 42.4%。2023 年，地方一般公共预算收入 220163.74 亿元，其中，中央对地方转移支付收入 102945.19 亿元,[④] 转移支付收入约占地方一般公共预算收入的 46.8%。由此可见，地方政府的财政汲取能力比较弱，对中央转移支付的依赖性比较大，近年来甚至有所上升。

1994 年实行分税制财政管理体制以来，我国逐步建立了符合社会主义市场经济体制基本要求的财政转移支付制度。2014 年 12 月 27 日国

---

① 刘昆．国务院关于 2019 年中央决算的报告——2020 年 6 月 18 日在第十三届全国人民代表大会常务委员会第十九次会议上［EB/OL］．［2022－9－20］．http：//www.mof.gov.cn/zhengwuxinxi/caizhengxinwen/202006/t20200622_3536392.htm.

② 财政部．关于 2023 年中央和地方预算执行情况与 2024 年中央和地方预算草案的报告——2024 年 3 月 5 日在第十四届全国人民代表大会第二次会议上［EB/OL］．［2024－3－20］．http：//www.mof.gov.cn/zhengwuxinxi/caizhengxinwen/202403/t20240314_3930581.htm.

③ 财政部．关于 2019 年中央和地方预算执行情况与 2020 年中央和地方预算草案的报告——2020 年 5 月 22 日在第十三届全国人民代表大会第三次会议上［EB/OL］．［2022－9－20］．http：//www.gov.cn/xinwen/2020－05/30/content_5516231.htm.

④ 财政部．关于 2023 年中央和地方预算执行情况与 2024 年中央和地方预算草案的报告——2024 年 3 月 5 日在第十四届全国人民代表大会第二次会议上［EB/OL］．［2024－3－20］．http：//www.mof.gov.cn/zhengwuxinxi/caizhengxinwen/202403/t20240314_3930581.htm.

务院发布的《国务院关于改革和完善中央对地方转移支付制度的意见》（国发〔2014〕71 号）指出："与建立现代财政制度的要求相比，现行中央对地方转移支付制度存在的问题和不足也日益凸显，突出表现在：受中央和地方事权和支出责任划分不清晰的影响，转移支付结构不够合理；一般性转移支付项目种类多、目标多元，均等化功能弱化；专项转移支付涉及领域过宽，分配使用不够科学；一些项目行政审批色彩较重，与简政放权改革的要求不符；地方配套压力较大，财政统筹能力较弱；转移支付管理漏洞较多、信息不够公开透明等。"针对这些问题，《国务院关于改革和完善中央对地方转移支付制度的意见》对"优化转移支付结构""完善一般性转移支付制度""从严控制专项转移支付""规范专项转移支付分配和使用""逐步取消竞争性领域专项转移支付""强化转移支付预算管理""调整优化中央基建投资专项""完善省以下转移支付制度"提出了具体要求，并且提出"加快转移支付立法，尽快研究制定转移支付条例，条件成熟时推动上升为法律"。完善财政转移支付制度是深化财税体制改革的重要内容，是党和国家大政方针落实的重要保障。2023 年 8 月 28 日，财政部受国务院委托在第十四届全国人民代表大会常务委员会第五次会议上作《国务院关于财政转移支付情况的报告》，明确提出："推动修改《预算法》，将共同财政事权转移支付单独作为一类管理，将实践证明行之有效的管理措施上升为法律，为深化转移支付改革提供法律支撑。适时研究制定财政转移支付条例等配套法规，对转移支付的功能定位、分类体系、设立程序、分配管理、退出机制等作出全面系统的规定。针对转移支付管理面临的突出问题，加强制度建设，强化监督，进一步规范转移支付预算编制、执行和资金使用、管理等行为。"有学者提出，转移支付的改革方向，一是强化一般性转移支付，促进基本公共服务均等化；二是专项转移支付应主要解决外部性、共同支出责任问题和实现中央特定政策目的。[①] 为此，应该立足于法治化和规范化，从标准设计、结构优化、预算管理、资金公开化和透明度等方面加快转移支付立法。

---

① 贾康．深化财税体制改革的战略取向与要领［M］．广州：广东经济出版社，2017：207.

（四）推进政府投资的法治化

除公共服务外，地方政府还要承担经济发展的职能。经济增长会给地方带来更多的财税收入、土地出让金以及其他潜在的收益。地方政府有内在动力去扩大投资、上马项目、招商引资、大力举债，为经济增长展开激烈竞争。实践中，地方政府普遍通过债务扩张加大政府性投资从而推动经济增长。预算软约束“推波助澜”，使地方政府增加债务、扩大政府投资。特别是当经济遭遇波动或者危机需要中央政府刺激时，地方政府债务更会急速增长。虽然债务融资推动政府投资在一定程度上促进经济增长，但效果通常不可持续，随着债务规模的不断加大，其对经济增长的促进作用逐渐减弱，并最终对经济增长起到抑制作用。①

2019 年 7 月开始实施的《政府投资条例》在《预算法》确定的“全口径预算”和“开明渠、堵暗道”的治理主线背景下，将政府投资的资金限定为“预算安排的资金”，并明确投资项目为“市场不能有效配置资源的社会公益服务、公共基础设施、农业农村、生态环境保护、重大科技进步、社会管理、国家安全等公共领域的项目，以非经营性项目为主”，进而从政府投资决策、政府投资年度计划、政府投资项目实施、监督管理、法律责任五个方面对政府投资行为进行规范，填补了政府投资法规的空白，对政府投资的法治化具有重要意义。该条例对于地方政府债务治理的意义在于，它将政府投资行为“显性化”、规范化，可以切断政府投资资金需求与违法举债之间的联系，有助于遏制地方政府隐性债务扩张。当然，从根本上控制地方政府的过度投资行为，必须将政府投资纳入法律框架，通过制度的规范让政府投资回归理性，真正承担起公民财产受托人的责任。完备的政府投资法律要对政府投资范围做出明确界定，实行科学的投资执行机制和严格的投资监督机制。只有这样，才能真正对地方政府投资实施进行有效控制。

四、分权式治理：地方政府债务治理的制度构建

财政分权体制决定了地方政府债务治理不应该是集权式的，而应是

① 黄健，毛锐．地方债务、政府投资与经济增长动态分析［J］．经济学家，2018（1）：88－96.

分权式的。分权式的治理模式应该成为地方政府债务治理的制度内核。应该从基于举债权控制的权力配置、以债权人为主体的市场约束以及以纳税人为主体的民主监督三个方面，构建分权式的地方政府债务治理制度。

（一）基于举债权控制的权力配置

根据《预算法》和《国务院关于加强地方政府性债务管理的意见》（国发〔2014〕43号），我国对地方政府显性债务“修明渠”，赋予地方政府适度举债权，建章立制进行规范；对地方政府隐性债务则“堵暗道”，采取“一刀切”的办法，将其界定为非法举债。因此，在现行法律框架下，有效控制地方举债权是地方政府债务治理的根本举措。“地方举债权的行使，涉及中央、地方各自的横向分权，以及中央与地方之间的纵向分权，这既体现了财政体制或债务管理体制的特殊性，又体现了宪法上的分权制衡。”① 从具体制度设计来看，可以把地方举债权的控制分为内部控制与外部控制。内部控制是指内嵌于地方举债权运行中的权力分工、制约而对地方举债行为所形成的内在约束机制，而外部控制则是指对地方违规举债进行事后追责所设置的外在监督惩罚机制。

根据《预算法》第35条，省级政府拥有适度举债权和代为举债权，省级人大及其常委会拥有举债批准权，国务院拥有举债总额确定权，全国人大或者全国人大常委会拥有举债总额批准权，财政部拥有分地区举债限额确定权，国务院拥有分地区举债限额批准权，省级政府以外的地方政府及其所属部门不享有举债权。可以把地方举债权的内部控制概括为：在国务院确定并报经全国人大或者全国人大常委会批准的举债总额内，省级政府在财政部确定并经国务院批准的地区举债限额内经本级人大或者人大常委会批准行使举债的权力。《预算法》赋予了地方政府举债的权力，同时也对地方举债的主体、规模、管理、偿还、用途、责任追究等方面作了严格规范和约束，建立健全了地方政府举债权

① 张守文．债务风险与举债权的法律约束［J］．苏州大学学报（哲学社会科学版），2016（3）：55.

的内部控制的权力配置机制。具体表现在：举债主体只适用于“经国务院批准的省、自治区、直辖市”；在规模和管理方面，“举借债务的规模，由国务院报全国人大或全国人大常委会批准。省、自治区、直辖市依照国务院下达的限额举借的债务，列入本级预算调整方案，报本级人大常委会批准”；在偿还和用途方面，“举借的债务应当有偿还计划和稳定的偿还资金来源，只能用于公益性资本支出，不得用于经常性支出”；在责任追究方面，明确了地方政府及其所属部门在法律规定之外，不得以任何方式举借债务，不得为任何单位和个人的债务以任何方式提供担保。各级政府、各部门、各单位违反法律规定举借债务或者为他人债务提供担保，对负有直接责任的主管人员和其他直接责任人员给予撤职、开除的处分。

2022 年 4 月，中央全面深化改革委员会审议通过的《关于进一步推进省以下财政体制改革工作的指导意见》明确提出：要压实地方各级政府风险防控责任，完善防范化解隐性债务风险长效机制，坚决遏制隐性债务增量，从严查处违法违规举债融资行为；要严肃财经纪律，维护财经秩序，健全财会监督机制。因此，中央政府明确不救助的立场和决心，真正做到“谁家的孩子谁抱”，使地方政府放弃中央政府救助的预期和幻想，对于落实地方财政主体地位至关重要。

从举债权外部控制的权力配置来看，国务院拥有建立地方政府债务风险评估和预警机制、应急处置机制以及责任追究制度的权力，财政部对地方政府债务拥有监督权力。问题在于，财政部怎样行使监督权力的规定比较少，《国务院关于加强地方政府性债务管理的意见》（国发〔2014〕43 号）只是提到财政部有权“对债务高风险地区进行风险预警”。在省级政府普遍争取更高举债配额的背景下，省级人大及其常委会在批准环节不可能否决省级政府的举债决定。为此，要完善地方举债权外部控制的权力配置，完善地方政府债务责任追究制度。[①] 首先，应该进一步完善《预算法》第 35 条关于“国务院财政部门对地方政府债务实施监督”的规定，从债务监测、风险预警、债务资金使用、监督

① 岳红举．财政分权视角下地方政府债务责任追究制度的构建［J］．地方财政研究，2021（4）：78.

检查、行政处罚等方面建立健全国务院财政部门的监督权力。其次，应该强化本级人大及其常委会的财政监督。将政府举借债务和债务资金的使用情况纳入政府工作报告，作为人大及其常委会重点审议的对象；对地方政府债务问题可以启动特别调查程序，将人大监督常规化、制度化。再次，应该加强政府审计监督，切断地方政府对地方审计机关的控制，切实提升审计机关的监督能力，对规制地方债务尤为必要。最后，完善相关法律责任的规定。对政府正常发债举债过程中的违规违法行为，应该从监督主体、监督对象、违规情形、法律责任等方面作出具体规定，特别是应该确立对违反预算法规定举借债务和违规使用债务资金行为的双罚制，即对违规单位实施财产性处罚，并对相关责任人实施行政处分，乃至行政和刑事处罚。另外，尽快出台终身问责、倒查责任的制度办法，防范化解地方政府隐性债务风险。

（二）以债权人为主体的市场约束

以债权人为主体的市场约束机制，是“让金融市场的无数投资者来扮演地方政府融资行为的约束者角色，充分发挥市场机制特有的透明和高效特征，用实时变化的金融产品价格信号来‘发现’地方政府的信用状况，进而对地方政府的未来行为选择产生市场的压力”。[①] 在财政分权不断推进的背景下，市场约束作为一种控制地方政府举债行为的替代性控制机制，不仅得到了学界的充分肯定，也得到了政府部门的高度重视。《财政部关于做好2018年地方政府债务管理工作的通知》（财预〔2018〕34号）明确提出：“坚持以健全市场约束机制为导向，依法规范地方政府债券管理。严格遵循地方政府举借的债务只能用于公益性资本支出的法律规定，地方政府债券发行必须一律与公益性建设项目对应，一般债券和专项债券发行信息披露时均要将债券资金安排明确到具体项目；债券资金使用要严格按照披露的项目信息执行，确需调整支出用途的，应当按照规定程序办理，保护投资者合法权益。”国家发展改革委、财政部于2018年5月11日发布了《关于完善市场约束机制严格防范外债风险和地方债务风险的通知》（发改外资〔2018〕706号），明

① 黄韬．央地关系视角下我国地方债务的法治化变革［J］．法学，2015（4）：34.

确要求“完善市场约束机制，切实有效防范中长期外债风险和地方债务风险”。

当然，金融市场对地方政府举债行为施加有效的约束，必须满足若干条件，主要包括：市场应该是自由开放的，特别是不应对金融中介机构制定任何（如储备或其他投资组合构成要求）规定，避免使政府处于举债方的特权地位；应向潜在的出借人提供有关举债人未偿债务和还款能力的充分资料；在即将发生违约的情况下，出借人不应该有获得救助的机会；举债人应具有体制架构，确保在达到不能再举债的地步之前，对市场信号做出充分的政策反应。[①] 但是，如果这些条件不能完全具备，市场约束的效果就会受到很大影响，就不能被寄予过高期望。

市场约束作为一种非常理想化的债务控制机制，应该成为追求的目标。应该逐步创造条件，使这一机制发挥作用。目前，地方政府债券是我国债券市场第一大品种。可以说，加快完备市场约束的相关条件，已成为当务之急。《国务院关于加强地方政府性债务管理的意见》（国发〔2014〕43号）明确提出：“建立地方政府性债务公开制度，加强政府信用体系建设。各地区要定期向社会公开政府性债务及其项目建设情况，自觉接受社会监督。”首先，加快政府信用评级制度建设。信用评级作为债券市场基础设施的重要组成部分，是地方政府债券市场健康可持续发展的重要保障。财政部《2014年地方政府债券自发自还试点办法》要求试点地区按照有关规定开展债券信用评级，并及时披露债券基本信息、财政经济运行及债务情况等。2020年3月3日，中国国债协会发布了《地方政府债券信用评级业务自律规范指引》，有利于推进信用评级的客观化、规范化、制度化。其次，健全政府资产负债表制度。资产负债表所提供的信息对债券投资者非常重要。只有先了解地方政府拥有多少及什么类型的资产，尚欠多少债务，投资者才能准确衡量风险，做出正确的判断和选择。[②] 再次，积极推动财政透明度制度建设。

---

① Teresa Ter-Minassian, Jon Craig. *Control of Subnational Government Borrowing* [R]. in Fiscal Federalism in Theory and Practice. IMF, 1997.

② 熊伟．地方债与国家治理：基于法治财政的分析径路［J］．法学评论，2014（2）：67－68.

财政透明度是良好财政管理的标志，是地方债务治理的重要手段。透明度是影响地方政府债务规模的重要因素，是形成有效外部监督约束的基础，也是保障地方政府债券投资者知情权、促进债券市场建设的重要抓手。[①] 尽快修改《政府信息公开条例》，将政府举债、还债等信息纳入政府应当主动公开的信息范围。最后，加强金融监管和金融市场制度建设。《国务院关于加强地方政府性债务管理的意见》（国发〔2014〕43号）明确提出"强化债权人约束"，规定金融机构向地方政府提供融资、购买地方政府债券要符合监管规定，要加强风险识别和风险管理。金融机构等违法违规提供政府性融资，应自行承担相应损失。2018 年 4 月 27 日，《中国人民银行中国银行保险监督管理委员会中国证券监督管理委员会国家外汇管理局关于规范金融机构资产管理业务的指导意见》（银发〔2018〕106 号文）发布，穿透式监管等规定对于治理地方政府债务问题具有重要意义。

（三）以纳税人为主体的民主监督

完善以纳税人为主体的民主监督制度，其法理依据在于财政民主。举债行为作为公共经济行为，与预算行为、税收行为具有共同的性质；同时，举债收入作为附条件的收入，最终要以税收偿还，因而它与税收、预算均密切相关。[②] 在以间接税为主体的税制背景下，每一个公民都是负税人意义上的纳税人。因此，以纳税人为主体对地方政府举债行为进行监督，不仅反映了财政民主的根本要求，更是人民主权原则的具体体现。以纳税人为主体的民主监督，主要包括"用手投票"和"用脚投票"两种形式。民众通过民主制度和代议制度来监督地方政府，就是"用手投票"；民众作为自利的个体通过选择居住区而显示其对公共品的偏好，来表达自己的意愿，即为"用脚投票"。

人大代表由民主选举产生，代表人民的利益和意志参与行使国家权力。审查监督政府预算和政府债务，是各级人大代表依法履职的重要内容。2021 年 7 月，中共中央办公厅印发了《关于加强地方人大对政府

① 郑智新．地方政府债务与财政监督机制优化［J］．财政监督，2022（6）：10.

② 张守文．债务风险与举债权的法律约束［J］．苏州大学学报（哲学社会科学版），2016（3）：52.

债务审查监督的意见》，对完善以纳税人为主体的民主监督具有重要意义。党的十八大以来，以习近平同志为核心的党中央就防范化解重大风险、加强人大对政府债务审查监督作出重要部署。适应进入新发展阶段、贯彻新发展理念、构建新发展格局、实现高质量发展的形势和任务要求，加强地方人大对政府债务的审查监督，是地方各级人大及其常委会落实党中央决策部署的重要任务，是人大预算审查监督重点向支出预算和政策拓展的重要内容，是推动防范化解地方政府债务风险的重要保障。《关于加强地方人大对政府债务审查监督的意见》就推动完善政府预算决算草案和报告中有关政府债务的内容、规范人大审查监督政府债务的内容和程序、加强人大对政府债务风险管控的监督、加强组织保障等，作出了明确规定，提出了工作要求。该意见的印发实施，对加强地方人大对政府债务的审查监督，压实地方政府债务管理主体责任，打好防范化解重大风险攻坚战，更好统筹发展和安全，实现经济持续健康发展和社会大局稳定，具有重要意义。2023 年 6 月，《第十四届全国人民代表大会财政经济委员会关于 2022 年中央决算草案审查结果的报告》提出“防范化解地方政府债务风险”，并提出“推动地方政府按规定向同级人大报告政府债务情况”的建议，也是以纳税人为主体的民主监督的重要举措。

五、结语

地方政府债务问题是各国治理面临的棘手难题。我国地方政府债务问题的原因非常复杂，其治理是一项复杂的系统工程。从债务治理的风险控制看，当前地方政府债务问题不容忽视，债务风险甚至影响了金融秩序。优化基于举债权控制的权力配置应该是当下着力推进的中心工作。具体来说，在举债权内部控制的权力配置问题上，不应该忽略中央对债务问题的控制，这是防范化解地方政府债务风险的基本保证，同时，加强举债权外部控制的权力配置。虽然“远水不解近渴”，但是不能放弃对地方政府债务问题根本治理的追求。继续深化分税制财政分权体制改革是地方债务治理的奠基性举措，加强以债权人为主体的市场约束机制、以纳税人为主体的民主监督机制也是根本措施。更为根本的是，要推动地方政府由发展型政府向服务型政府转型。只要地方政府还是一个发展型政府，地方政府就必然有动力像公司一样去借贷并刺激经济增长。政府不应当继续担任推动经济增长的主角，其主要职能不再是发展经济，而是提供公共服务，维持社会平等。总之，由地方政府债务治理问题所撬动的一系列制度变革，不论是宏观的政府转型，还是中观的财政分权体制改革，以及微观的分权式治理，最终会加快推进国家治理现代化的进程。

第二节　地方政府债务监管路径的反思与超越

党的十九大报告提出，守住不发生系统性金融风险的底线，要坚决打好防范化解重大风险攻坚战。近年来，由于地方政府债务规模持续扩张，稳妥处理地方政府债务风险成为防范化解系统性金融风险的关键。根据财政部网站数据，截至 2023 年末，地方政府债务余额 407372.93 亿元，包括一般债务余额 158687.48 亿元、专项债务余额 248685.45 亿元。虽然地方政府债务余额控制在全国人大批准的限额范围内，但债务规模增长迅猛，还本付息压力加大。此外，地方政府隐性债务体量巨大，债务风险不容忽视。尽管财政部积极推动“全域无隐性债务试点工作”，而且广东、上海等财政实力强的地区已率先宣布 2021 年如期实现“清零”目标，但隐性债务的“土壤”依然存在，风险警报仍未解除。

地方政府债务虽然风险总体可控，但一旦发生危机就会触发财政金融风险，并有可能酿成系统性危机。探讨地方政府债务治理问题，会触及财政体制改革与现代财政制度的建立、金融治理乃至地方政府职能转变等深层问题，但是更需要关注的是地方政府债务监管问题。完善地方政府债务监管制度，强化地方政府债务监管，是防范化解地方政府债务风险的关键。近年来，地方人大与财政、金融、发改委、审计等政府部门不断强化监管，压实地方政府主体责任，多方分工协作的大监管格局已经形成。人大监督、财政监管、金融监管构成了地方政府债务监管的三个主要路径。发改委通过投资项目管理、审批来控制地方政府发债融资，审计机关则通过地方政府债务审计来监督债务资金使用，对于防范化解债务风险具有重要作用。需要注意的是，要避免陷入“九龙治水”的制度陷阱，需要明确每种监管路径的角色定位、监管重点，增强针对性，协同配合，才能不断提升监管效果，防范化解债务风险。地方政府债务包括一般债务、专项债务和隐性债务三种类型。为此，本节将对三种监管路径分别进行梳理和分析，在明确其制度依据、监管属性、运行机制，并反思其局限性等基础上，结合不同的债务类型，合理界定每种路径的监管重点，并提出相应的制度建议。

一、人大监督路径及其反思

《预算法》确立了省级政府的适度举债权。举债权作为一种专属的财政权，其行使既涉及相关国民的财产权，又涉及纳税人权利。为了切实保护国民或纳税人的权益，有效解决举债行为所涉及的实体问题和程序问题，防止举债权的不当行使，举债权必须法定。[①] 举债权法定原则具体表现为，政府举债必须经过人大的同意。根据《预算法》第 35 条，全国人大或者全国人大常委会拥有全国范围内举债总额的批准权，省级人大常委会拥有分地区举债限额内本级政府举债的批准权。

一方面，地方人大监督地方政府债务是其举债批准权的自然延伸。举债批准权如果失去监督权的有效支撑，便会失去其决定意义。另一方面，地方人大的债务监督源于其在同级国家机关中的地位。我国的根本政治制度是人民代表大会制。人民代表大会属于国家权力机关，在同级国家机关中居于最高地位。其他国家机关由人大产生，对人大负责，受人大监督。根据《宪法》第 104 条，县级以上地方各级人大常委会监督本级政府等国家机关的工作。地方人大监督地方政府的工作，当然包括对其债务的监督。另外，根据《宪法》第 99 条第 2 款，县级以上地方各级人大审查和批准本行政区域内的预算及其执行情况的报告。因

---

① 张守文. 债务风险与举债权的法律约束［J］. 苏州大学学报（哲学社会科学版），2016（3）：53.

此，地方人大对地方政府债务的监督，也是地方人大预算审查监督延伸的结果。

地方人大监督地方政府债务从性质上属于权力监督，具有法理的正当基础和法律的制度依据。那么，如何实现地方人大监督？为加强地方人大对政府债务的审查监督，经党中央批准，中央办公厅于 2021 年 7 月印发了《关于加强地方人大对政府债务审查监督的意见》，就完善政府预算决算草案和报告中有关政府债务的内容、规范人大审查监督政府债务的内容和程序、加强人大对政府债务风险管控的监督、强化违法违规举债责任追究、加强组织保障等，作出了明确规定。该意见确立了全口径监督、全过程监管的原则。所谓全口径监督，是指地方人大监督的对象包括一般债、专项债和隐性债务。就专项债务来说，该意见要求加强专项债务项目科学性审查，审查项目的方向和用途、收益测算、还款资金来源、最终偿债责任等内容。所谓全过程监管，是指地方人大围绕政府预算草案、预算调整方案、决算草案的审查批准和预算执行监督等对地方政府债务进行全过程监管。

加强地方人大对政府债务的审查监督，对于防范化解地方政府债务风险具有重要意义。然而，地方人大监督也面临着诸多现实困境，影响了监督的实效性。基于人大监督的法理基础及现实困境，地方人大监督要实现硬化预算约束、压实地方政府债务管理主体责任的目的，关键是要“硬化”地方人大监督。“硬化”地方人大监督，应该突出重点，做到“有所为有所不为”。首先，地方人大监督应将一般债务作为其主要监督对象和监管重点，地方人大从预算管理的角度履行全面监管职责，应承担监管的主体责任。一般债务是地方政府为没有收益的公益性项目发行的、纳入一般公共预算管理的、约定一定期限内主要以一般公共预算收入还本付息的地方债。从本质上看，一般债类似于“透支”未来的税收，与纳税人财产权保障密切相关，因此，由地方人大监督其举借、使用、偿还与人大的地位、职能、能力相符。一般债务体量不大，基本没有风险①，这也降低了财政监管的重要性，排除了金融监管的必

① 李升．地方政府债券的发展现状及其“十四五”展望［J］．财政监督，2021（11）：77.

要性，风险预警、穿透式监管等在一定程度上失去了用武之地。其次，地方人大监督应将专项债务列入监管的范围，地方人大在财政监管、金融监管的基础上，通过与财政监管、金融监管等路径协调配合以实现对专项债务的监督。专项债务是地方政府为有一定收益的公益性项目发行的、约定一定期限内以公益性项目对应的政府性基金或专项收入还本付息的政府债券。专项债券资金纳入政府性基金预算管理，不计入财政赤字，由地方政府的政府性基金收入偿还。专项债实际上是一种收益债，类似于国外市政收益债。2017 年，财政部发文鼓励地方政府积极发展“项目收益专项债”。项目收益对应项目发行，还款资金由对应项目支付，实行“封闭”运行管理。[①] 2018 年 8 月，财政部发布了《关于做好地方政府专项债券发行工作的意见》，要求加快地方政府专项债券的发行进度，更好地发挥专项债对稳投资、扩内需、补短板等领域的促进作用。因此，专项债务具有项目性、融资性、市场性，而且具有很强的政策性。由此可见，专项债务监管的专业性强，对监管能力的要求高，同时需要人、财、物的充分保障，这对地方人大来说具有很大的挑战性。最后，人大监督应将隐性债务列入监督的范围，通过检查、询问和质询、罢免和撤职等方式对地方政府进行问责监管。相对于一般债务、专项债务，隐性债务的风险大、隐蔽性强、非常复杂、监管难，往往需要进行穿透式监管，而且化解难、成本高。因此，地方人大不宜直接监管地方政府隐性债务，应该通过监督地方政府化解隐性债务的工作情况来行使监督权。

二、财政监管路径及其反思

财政监管是国务院财政部门的法定职责，是中央与地方之间财政关系制度的重要内容。分税制改革以来，符合市场经济要求的财税体制逐渐确立，财政监管也日趋规范、合理。特别是党的十八届三中全会提出建立现代财政制度以来，财政监督根据《预算法》的要求将工作重心由监督检查转到预算监管，将财政部驻各地专员办定位为“财政部在

① 谭天骄，李亘．完善我国地方政府专项债的建议［J］．中国财政，2020（5）：78.

地方的延伸”。2019 年，国务院批准财政部驻各地专员办更名设立财政监管局，标志着财政监管体制机制的进一步完善。财政监管本质上属于行政监管，是国务院财政部门履行其财政管理、监督等职权的行政行为。

履行地方政府债务监督管理职责，是财政监管的重要职能和工作重点。发挥财政监管在地方政府债务风险监测、识别、控制等方面的作用，对于财政安全保障、区域经济稳定、公共治理完善等均具有重要意义。[①] 根据《预算法》第 35 条第 4 款，国务院财政部门对地方政府债务实施监督。另据《国务院关于加强地方政府性债务管理的意见》（国发〔2014〕43 号），财政部门作为地方政府性债务归口管理部门，“要完善债务管理制度，充实债务管理力量，做好债务规模控制、债券发行、预算管理、统计分析和风险监控等工作”。那么，如何对地方政府债务进行财政监管呢？根据《预算法》第 35 条第 5 款，“国务院建立地方政府债务风险评估和预警机制、应急处置机制以及责任追究制度”。就“建立地方政府性债务风险预警机制”问题，《国务院关于加强地方政府性债务管理的意见》（国发〔2014〕43 号）要求“财政部根据各地区一般债务、专项债务、或有债务等情况，测算债务率、新增债务率、偿债率、逾期债务率等指标，评估各地区债务风险状况，对债务高风险地区进行风险预警”；就“建立债务风险应急处置机制”问题，《国务院关于加强地方政府性债务管理的意见》（国发〔2014〕43 号）明确规定“中央政府实行不救助原则”，为此，国务院办公厅于 2016 年 11 月发布了《地方政府性债务风险应急处置预案》，对地方政府性债务风险应急处置作出总体部署和系统安排，同时，经国务院批准，财政部印发了《地方政府性债务风险分类处置指南》；就“责任追究制度”问题，《国务院关于加强地方政府性债务管理的意见》（国发〔2014〕43 号）明确规定：“建立对违法违规融资和违规使用政府性债务资金的惩罚机制，加大对地方政府性债务管理的监督检查力度。”从财政监管体制上看，财政部驻各地监管局根据财政部授权对地方政府债

① 郑智新．地方政府债务与财政监管机制优化［J］．财政监督，2022（6）：8.

务实施监控，严控法定限额内债务风险，防控隐性债务风险，发现风险隐患及时提出改进和处理意见，并向财政部、地方人民政府反映和报告。①

如果说人大监督路径的根基在于人民代表大会制的政权组织形式，那么财政监管路径则主要源于单一制的国家结构形式。根据《宪法》第 89 条，国务院“统一领导全国地方各级国家行政机关的工作，规定中央和省、自治区、直辖市的国家行政机关的职权的具体划分”。《宪法》第 110 条第 2 款规定：“地方各级人民政府对上一级国家行政机关负责并报告工作。全国地方各级人民政府都是国务院统一领导下的国家行政机关，都服从国务院。”财政部网站显示，根据财政部授权，财政部驻各地监管局的监管职责主要包括：属地中央各项财政收支、属地中央预算单位预决算编制和执行情况、中央重大财税政策和专项转移支付在属地的执行情况、地方政府债务情况、审核审批中央行政事业单位国有资产配置和处置事项、属地中央金融企业执行财务制度情况等。总体来看，上述监管事项中，除了地方政府债务问题，其他并不属于地方财政问题。根据现行宪法，国务院“编制和执行国民经济和社会发展计划和国家预算”。国务院统一领导全国地方各级国家行政机关的工作，落实到财政监管上为什么只涉及地方政府债务问题？财政监管地方政府债务的主要根据是防范化解财政金融风险，落实中央政府不救助原则。地方政府债务治理对防范化解重大风险至关重要，对实现经济持续健康发展和社会大局稳定意义重大，因此是具有全局性而不只是地方性的问题。倘若有的地方政府陷于债务危机，中央政府必然面临救助还是不救助的两难选择。所以，对地方政府债务进行财政监管，压实地方政府主体责任，便成了理所当然的结果。

如何确定财政监管的重点？一方面，债务类型不同，问题的严重程度不同，防范化解难度也不同，因此，财政监管的重点应该有所不同；另一方面，从落实中央政府不救助原则的立场出发，应该根据中央政府救助的可能性大小来确定财政监管的重点对象。简单来说，中央政府救

---

① 财政部网站显示，财政部驻各地监管局共有 35 个，各地监管局均把地方政府债务监管列为其主要职责的第四项，且表述相同。

助的可能性越大，就越应该加强财政监管。从地方政府主体责任的角度看，如果能够压实地方政府债务治理的主体责任，就可以排除中央政府救助；反之，就难以排除中央政府救助。有学者认为，从现实来看，当前中央政府对地方政府债务实施不救助原则并没有实现的必要条件，在地方政府债务遇到危机时，中央政府的有效选择途径是实施有限必要的救助。[①] 基于以上分析，首先，财政监管应把专项债务作为监管的主要对象和监管重点。近年来，专项债务的规模越来越大，问题越来越多，逐渐取代了隐性债务成为问题的焦点。实践中，一些专项债项目的前期准备工作不扎实，“临时拼凑”，高估甚至捏造项目收益；一些地方政府重专项债额度争取，轻支出监管，而且轻绩效管理，使得项目收益不能覆盖本息，存在偿付风险。因此，加强专项债务监管，应该积极加强债务预算管理监管、债务水平动态监测监管、项目穿透式监管，以及专项债资金绩效监管，实现专项债的“借、用、管、还”全流程监管。其次，财政监管也应把一般债务、隐性债务作为监管对象，但不宜将其作为监管重点。一般债务的体量小于专项债务，且风险不大，产生债务危机的可能性较小，也不易引发财政金融风险，因此，对一般债务的监管应主要诉诸地方人大监督路径。对于一般债务，财政监管的目标在于，监督地方政府是否将新增一般债务纳入预算管理，控制一般债务规模。地方政府隐性债务非常复杂，隐蔽性强，财政监管往往缺乏足够的专业水平和监管能力，监管难度大，因此，对隐性债务的监管应主要诉诸金融监管路径。财政监管地方政府隐性债务的目标应该是，积极落实党中央、国务院关于对地方政府隐性债务问题终身问责、倒查责任的要求，坚决查处违法违规举债、新增隐性债务和化债不实等违法违规行为，做到“发现一起，查处一起，问责一起”，保持监管高压态势，坚决遏制隐性债务增量，逐步实现“清零”目标。[②]

---

① 张婉苏．中央政府不救助地方政府债务的纠结、困惑与解决之道［J］．苏州大学学报（哲学社会科学版），2016（5）：53.

② 财政部．财政部关于地方政府隐性债务问责典型案例的通报［EB/OL］．［2022－12－20］．http：//jdjc. mof. gov. cn/jianchagonggao/202205/t20220518_ 3811312. htm.

三、金融监管路径及其超越

不论是人大监督，还是财政监管，抑或审计监督等，债务治理都限定在财政领域，主要目的在于防范财政风险。虽然地方政府债务问题不只是财政问题，而是与金融问题密切相关①，而且财政风险有可能引发金融风险，但是金融领域缺乏有针对性的制度变革。② 地方政府债务问题本质上是包括财政治理、金融治理在内的国家治理问题。因此，对于地方债务风险，不仅要从财政治理视角加强规制，而且要将其纳入金融治理的范围。③ 《国务院关于加强地方政府性债务管理的意见》（国发〔2014〕43 号）要求“金融监管部门要加强监管、正确引导，制止金融机构等违法违规提供融资”。因此，就地方政府债务的金融治理，形成了金融监管积极配合财政监管、财政“长臂”监管金融的金融治理格局，也就是说，金融监管只是配合财政监管等，金融监管机构未把地方政府债务作为金融监管的对象。

2018 年 1 月 8 日，中国保监会与财政部联合发布了《关于加强保险资金运用管理支持防范化解地方政府债务风险的指导意见》（保监发〔2018〕6 号），目的在于强化保险机构责任意识，支持保险机构更加安全高效服务实体经济，防范化解地方债务风险。2018 年 4 月 27 日，中国人民银行、中国银保监会、中国证监会、国家外汇管理局联合发布了《关于规范金融机构资产管理业务的指导意见》（银发〔2018〕106 号），对规范金融机构资产管理业务，统一同类资产管理产品监管标准，有效防控金融风险具有重要意义。2021 年 7 月，中国银保监会发布了《银行保险机构进一步做好地方政府隐性债务风险防范化解工作的指导意见》（银保监发〔2021〕15 号），对规范银行保险机构、地方政府相关

---

① 有学者认为，税收分成比例的提高导致地方政府融资能力上升、发债动机增强，在隐性金融分权创造的弱融资约束条件下，刺激地方公共债务增长。财政体制上的安排会改变不同政府间财权和事权的分配，金融体制会影响政府融资约束。一旦融资能力提升（税收分成增加），融资约束又弱，会极大地刺激地方政府扩大举债。参见毛捷、刘潘、吕冰洋．地方公共债务增长的制度基础——兼顾财政与金融的视角［J］．中国社会科学，2019（9）：45－67.

② 李安安．财政与金融法律界分视域下的地方债务治理［J］．政法论丛，2018（6）：110.

③ 阳建勋．论我国地方债务风险的金融法规制［J］．法学评论，2016（6）：38.

融资业务，严禁新增或虚假化解地方政府隐性债务，切实把控好金融闸门，具有重要意义。2022 年 5 月 6 日，中国银保监会发布了《关于银行业保险业支持城市建设和治理的指导意见》（银保监发〔2022〕10 号），要求“坚决遏制新增地方政府隐性债务，严禁银行保险机构配合地方政府通过新增隐性债务上新项目、铺新摊子”。与此同时，为了防范化解地方政府债务风险，财政“长臂”监管金融机构对地方政府的业务活动。2017 年 12 月 23 日，《财政部关于坚决制止地方政府违法违规举债遏制隐性债务增量情况的报告》提到，“一些金融机构推波助澜”是地方政府违法违规举债问题的成因之一，并且将深化金融改革作为长效管理机制。2018 年 3 月 28 日，财政部发布了《关于规范金融企业对地方政府和国有企业投融资行为有关问题的通知》（财金〔2018〕23 号），对国有金融企业严格落实《预算法》和《国务院关于加强地方政府性债务管理的意见》（国发〔2014〕43 号）提出了严格要求：“除购买地方政府债券外，不得直接或通过地方国有企事业单位等间接渠道为地方政府及其部门提供任何形式的融资，不得违规新增地方政府融资平台公司贷款。不得要求地方政府违法违规提供担保或承担偿债责任。不得提供债务性资金作为地方建设项目、政府投资基金或政府和社会资本合作（PPP）项目资本金。”通知中还规定，财政部驻各地财政监察专员办事处根据本通知规定对国有金融企业及其分支机构进行监督检查，对相关违规行为及时予以制止和纠正，并依法进行处理。相关检查处理结果视情况抄送有关金融监管部门。

需要探讨的是，金融监管能否超越配合财政监管的地位，直接监管地方政府债务，或者说，能否将地方政府债务作为金融监管的对象。由于一般债务主要依赖于地方人大监督，并辅之以财政监管的路径，又由于隐性债务被“堵暗道”并逐步“清零”，因此，这里需要集中讨论的是专项债务的金融监管问题。一般来说，金融监管的监管对象是从事银行业、证券业、保险业以及其他金融行业的金融机构的金融活动。就证券业的监管对象来说，主要包括债券发行、债券交易、信息披露、券商、交易所以及上市公司等。根据《证券法》第 2 条第 2 款，政府债券的上市交易适用证券法，这表明，政府债券的发行、非上市交易不适用证券法。目前，我国地方政府债券的发行管理由《地方政府债券发行管理办法》进行调整，而且《地方政府债券发行管理办法》的立法依据是《预算法》和《国务院关于加强地方政府性债务管理的意见》（国发〔2014〕43号），而不是《证券法》。虽然政府债券的上市交易受《证券法》调整，但是《证券法》只做出了一款规定，即第46条第2款。该款规定："证券交易所根据国务院授权的部门的决定安排政府债券上市交易。"因此，政府债券与金融债券、公司债券的立法逻辑不同。总体来说，政府债券基本上被排除在《证券法》规制范围之外，不属于金融监管的对象。从立法模式上看，不论是《证券法》还是《地方政府债券发行管理办法》，都没有区分一般债券和专项债券，一概将其排除在金融监管范围之外。专项债券比一般债券的市场化程度更高、债权人约束性更强、金融风险性更大，因此，从本质上看，专项债券更接近于金融债券、公司债券。近年来，专项债券的市场规模不断扩张，积累的问题越来越多，对金融市场的影响越来越大，对货币政策的实施已产生深度影响，而且专项债券投资者权益保护问题开始被关注，这些都对专项债券的监管提出了更高的要求。因此，如果说金融监管排除一般债券尚有一定合理性的话，金融监管排除专项债券则未必是妥当的。"在成熟市场，市政债监管可分为财政监管和金融监管。财政监管主要包括举债规模管理、财政纪律约束、发行审核等，通常由中央和地方政府部门、立法部门负责；金融监管包括信息披露规范、中介机构管理、投资人保护和市场透明化等，由证券监管部门和自律组织实施。以美国为例，美国市政债市场监管格局是，地方政府和议会进行财政监管，美国证监会（SEC）、美国金融监管局（FINRA）和市政债规则制定委员会（MSRB）通过监管市政债金融中介，间接管理市政债市场。"① 美国的政府债务管理机构独立于财政部，由全国和地方的金融监管部门组成，它们被赋予监管地方证券市场、监督地方政府借款行为的重要职责。② 与财政监管部门相比，金融监管机构具有更强的监管能

① 万泰雷，李松梁．市政债制度国际经验［J］．中国金融，2018（12）：42.

② 马金华，李国峰．我国地方政府债务监管中存在的问题及对策分析［J］．中央财经大学学报，2010（7）：9.

力、更高的专业水平和更强的独立性，拥有相应的执法权，保证其能够有效监管专项债券的发行、交易、信息披露等。我国近年来不断改革金融监管体制，形成了“一委一行一局一会”的新格局，即国务院金融稳定发展委员会、中国人民银行、国家金融监督管理总局和中国证券监督管理委员会。虽然保留了以行业为基础的分业监管体制，但是加强了监管协调，引入了功能监管并强化了审慎监管。[①] 近年来，世界各国围绕功能监管实践的互动更加密切，以金融功能理论和功能监管理论为指引，一个带有共性的探索框架日渐成型。[②] 美国于 1999 年出台了《金融服务现代化法案》，标志着美国金融监管正式引入功能监管理念。功能监管的特点是“对事不对人”，本质上仍然属于分业监管。在现有金融监管模式下，专项债券在一定程度上成为金融监管的空白，应该本着将各类金融活动全部纳入金融监管范围的原则，借鉴国外先进立法经验，修改《证券法》，将专项债券列为证券业监管的重要内容。

四、结语

地方人大的监督重点是一般债务，财政监管的主要对象应定位于专项债务，金融监管应该超越其对财政监管的配合、响应角色，主动将专项债务纳入其监管范围。当然，这需要加强立法保障。人大监督一般债务，因为涉及人大与政府的关系，应该在调整《关于做好地方政府专项债券发行工作的意见》相关内容的基础上，用法律的形式固定下来。财政监督专项债务，涉及中央与地方的财政关系，也应该用法律的形式规定财政监管的权限、对象、程序、法律责任等。应该积极修订《证券法》等法律法规，赋予金融监管机构监管专项债务的权限，并针对专项债务的特点，规定其发行、交易、信息披露等。当然，防范化解地方政府债务风险，离不开金融治理的现代化。“金融治理涵盖金融机构、金融市场、金融监管以及金融制度建设等多方面内容，是一个相互

---

① 黄辉．中国金融监管体制改革的逻辑与路径：国际经验与本土选择［J］．法学家，2019（3）：137.

② 郑杨．全球功能监管实践与中国金融综合监管探索［M］．上海：上海人民出版社，2016：7.

衔接、相互支撑的系统。”[①] 金融自身的改革与发展、金融市场的改革开放、金融监管体制的完善等，都是防范化解地方政府债务风险的根本举措，对完善地方政府债务的金融治理具有奠基意义。

第三节　地方政府债务的问责监管与制度完善

近年来，地方政府显性债务规模扩张，地方政府隐性债务规模居高不下。根据财政部网站数据，截至 2023 年末，地方政府债务余额 407372.93 亿元，包括一般债务余额 158687.48 亿元、专项债务余额 248685.45 亿元。虽然隐性债务“清零”试点在各地不断推进，但据测算，与地方政府关联密切的城投有息债务余额为近 60 万亿元，按照 IMF 的估算比例（2/3），其中的 40 万亿元可视为隐性债务。虽然地方政府举债可以推动经济社会发展，满足公共物品供给，但是债务规模急剧扩张、体量日益庞大、偿债压力不断累积可能直接导致财政风险，甚至引发系统性风险。

地方政府债务问题不仅与财政金融风险防范直接相关，而且关乎国家治理。[②] 在积极推进国家治理现代化的背景下，地方政府债务治理不能只满足于应急式的防范化解风险，而应立足长远，谋求地方政府债务治理的现代化，只有这样，才能构筑风险防范的长效机制，最大限度地防范风险。现代化的地方政府债务治理制度主要包括三个方面：基于举债权控制的权力配置、以债权人为主体的市场约束，以及以纳税人为主体的民主监督。[③] 虽然市场约束、民主监督构成了地方政府债务治理的基础制度安排，但在防范化解债务风险的现实压力下，从权力配置上强化监管应该是地方政府债务治理的关键举措。

① 陈四清．完善金融治理体系提升金融治理能力［J］．中国金融，2020（1）：14.

② 熊伟．地方债与国家治理：基于法治财政的分析径路［J］．法学评论，2014（2）：68.

③ 王茂庆．财政分权下地方政府债务治理的路径选择与制度构建［J］．时代法学，2023（2）：40.

监管的真谛在于追责。在立法刚性不足的财政领域，缺乏有效追责，监管效果更是难以保证。不论是人大监督、财政监管，还是金融监管，最终都要靠追责来落实。在我国，作为一种重要的追责机制，问责制兴起于党风廉政建设领域，逐渐扩展到公共安全、教育医疗、生态环境保护以及食品药品安全等领域。为坚持党的领导，加强党的建设，全面从严治党，保证党的路线方针政策和党中央重大决策部署贯彻落实，规范和强化党的问责工作，根据《中国共产党章程》，中共中央政治局会议于2016年6月28日审议通过了《中国共产党问责条例》，并于2019年9月4日进行了修订。《中国共产党问责条例》是权威性、系统性的党内问责法规文件，为地方政府隐性债务问责奠定了制度基础。自2017年开始，问责制被运用于地方政府债务领域，成为地方政府债务监管、防范化解债务风险的“利器”。地方政府债务问责式监管（以下简称问责监管）的现行制度和实践主要集中在隐性债务领域，因对显性债务风险缺乏足够认知，存在显性债务问责监管的缺位问题。基于显性债务规模急剧扩张、绩效管理愈加重要、债务风险逐渐显现的事实，应该将显性债务问题纳入问责监管的范畴之中，并将隐性债务与显性债务合并监管，同时，应当推进问责监管的制度化、法治化，完善地方政府债务责任追究制度，并确立穿透式监管原则。

一、地方政府隐性债务的问责监管

一般来说，地方政府债务风险问题始于2008年全球金融危机。2011年，国务院办公厅在《关于做好地方政府性债务审计工作的通知》中明确提出，为“有效防范和化解潜在风险”，“对全国地方政府性债务情况进行一次全面审计”。《预算法》和《国务院关于加强地方政府性债务管理的意见》（国发〔2014〕43号）确立了“修明渠、堵暗道”的债务风险防范制度框架。一方面，赋予省级政府适度举债权，并通过举债限额控制地方债务规模，以防范债务风险，即为“修明渠”；另一方面，将隐性债务非法化，进行集中整治，即为“堵暗道”。由此一来，防范化解地方政府债务风险主要表现为“堵暗道”，换言之，风险防范专注于地方政府隐性债务风险。

自2017年中央经济工作会议将“防范化解系统性金融风险”列为“三大攻坚战”之首以来，防范化解隐性债务风险成为历年中央经济工作会议和全国财政工作会议关注的焦点议题。2017年7月，习近平总书记在全国金融工作会议上指出，“各级地方党委和政府要树立正确政绩观，严控地方政府债务增量，终身问责，倒查责任”。随后，中共中央、国务院印发了《关于防范化解地方政府隐性债务风险的意见》（中发〔2018〕27号）（以下简称27号文），中共中央办公厅、国务院办公厅接着发布了《关于印发〈地方政府隐性债务问责办法〉的通知》（中办发〔2018〕46号）。自此开始，问责制首次被引入地方政府债务监管领域并得到积极推行，成为债务追责、防范化解风险的重要措施。2023年12月召开的全国财政工作会议明确指出，2024年要严格落实既定化债举措，加大存量隐性债务化解力度，坚决防止新增隐性债务，健全化债长效机制，有效防范化解地方债务风险。2024年国务院政府工作报告明确指出，统筹好地方债务风险化解和稳定发展，进一步落实一揽子化债方案，妥善化解存量债务风险、严防新增债务风险。对于隐性债务，财政部不断健全跨部门联合惩戒，严格落实地方政府举债终身问责制、债务问题倒查机制，对新增隐性债务和不实化债等行为，发现一起、查处一起、问责一起，加大问责结果公开力度，发挥典型案例震慑效应。五年多来，按照“遏增量、化存量，强监管、严追责”的工作思路，隐性债务风险逐步得以缓释、可控。①

2022年5月和7月，财政部分别发布了《关于地方政府隐性债务问责典型案例的通报》和《关于融资平台公司违法违规融资新增地方政府隐性债务问责典型案例的通报》，持续释放了遏制隐性债务增长、防范化解隐性债务风险的信号。考察这些通报对把握问责监管的制度实践具有重要参考意义。本书主要从问责监管的性质、适用范围、适用对象、责任形式等方面对其展开分析。

首先，由于党内问责是党委（党组）等问责主体对失职失责党组织和党的领导干部追究其领导责任的纪律处置方式，因此党的纪律检查

① 刘昆．在全国财政工作会议上的讲话（节选）［J］．中国财政，2023（1）：8.

委员会追究领导干部的相关责任构成了问责监管的重要内容。《国务院关于进一步深化预算管理制度改革的意见》（国发〔2021〕5号）明确要求："把防范化解地方政府隐性债务风险作为重要的政治纪律和政治规矩，坚决遏制隐性债务增量，妥善处置和化解隐性债务存量。"问责监管也有法律性。监察机关依据《中华人民共和国监察法》《中华人民共和国公务员法》等对负有责任的政府官员直接作出问责决定，或者向有权作出问责决定的机关提出问责建议，也是问责监管的重要内容。其次，问责监管源于隐性债务风险，因而其适用范围限定于隐性债务，具体包括新增隐性债务、隐性债务化解不实（以下简称化债不实）等违法违规行为。根据"法不溯及既往"的法治原则，应该以《地方政府隐性债务问责办法》发布生效的时点作为划定新增隐性债务的时间节点，也就是说，该办法生效之后形成的隐性债务为新增隐性债务。[①]对化债不实行为进行问责监管始于27号文的发布。该文件要求地方政府在5—10年内化解隐性债务。2018年，财政部《地方全口径债务清查统计填报说明》第15条"债务化解计划"中，提到了六种债务化解的方案。2022年开始，经国务院批准，在广东、上海、北京等经济体量大、财政实力强的地区，率先开展全域无隐性债务试点工作，以实现隐性债务清零。再次，问责监管的适用对象限定为个人而不是团体或者组织。根据《中国共产党问责条例》第5条，"问责对象是党组织、党的领导干部，重点是党委（党组）、党的工作机关及其领导成员，纪委、纪委派驻（派出）机构及其领导成员"。从财政部通报来看，作为问责对象的个人主要包括政府官员、党委领导、融资平台公司高管等。由此可见，现行制度和实践主要通过追究个人的领导责任来实现问责监管。最后，从责任形式上看，问责监管主要采用了党纪处分、政务处分以及书面检查、诫勉谈话、批评教育等组织处理形式。

① 从财政部问责典型案例通报来看，相关案件大多发生在2018年之前，而问责都是在三五年之后，这说明，偿债压力显现甚至出现爆雷之后才被监管部门发现，因此，由于信息不对称问题，案件查办和问责的难度非常大。

二、地方政府显性债务的问责缺位

从现行制度来看，虽然《预算法》、《财政违法行为处罚处分条例》、《国务院关于加强地方政府性债务管理的意见》（国发〔2014〕43号）、《预算法实施条例》、《国务院关于进一步深化预算管理制度改革的意见》（国发〔2021〕5号）等法律法规，以及《地方政府一般债务预算管理办法》《地方政府专项债务预算管理办法》《地方政府债券发行管理办法》《地方政府专项债券项目资金绩效管理办法》等规章，构建起了相对规范、体系完整的地方政府举债融资制度，但是与隐性债务的非法化、终身问责不同，对显性债务风险缺乏关注，因而存在问责缺位问题。

首先，显性债务现有管理规定的立法目的是绩效管理，而非风险问责。现行制度显然将风险问题而不是绩效问题作为问责的根据。《预算法》和《国务院关于加强地方政府性债务管理的意见》（国发〔2014〕43号）确立了显性债务治理的基本制度框架。意见中虽然确立了中央政府“不救助原则”，提出“严肃财经纪律”，建立“风险预警机制”“应急处置机制”和“考核问责机制”，但其目的取向总体上是绩效管理而非风险问责。当然，显性债务风险源于债务资金使用的绩效水平，良好的绩效管理对于风险防范至关重要。其次，违反显性债务绩效管理规定，应当追究相关责任人员的责任，与隐性债务风险防范下的终身问责有本质区别。隐性债务问责监管不仅能够应对风险，而且追究个人的领导责任，而显性债务管理的责任追究则不具备这样的特点。虽然债务资金绩效管理落后、资金使用不规范等，会将显性债务的潜在风险转化为现实风险，但是显性债务的合法性、潜在风险性毕竟不同于隐性债务的非法性、现实风险性，对后者需要进行终身问责，对前者则只是一般追责。最后，脱离实际过度举债、违规使用债务资金等行为的问责机制缺失。虽然《国务院关于加强地方政府性债务管理的意见》（国发〔2014〕43号）提出建立“问责机制”，“对脱离实际过度举债、违法违规举债或担保、违规使用债务资金、恶意逃废债务等行为，要追究相关责任人责任，”但是对于如何把握“脱离实际过度举债”以及“恶意逃废债务”行为等，尚需要做出进一步的配套规定。

债的本质决定了其风险属性。随着地方债务规模的急剧扩张，项目管理、资金使用等方面存在的问题被显著放大，偿债压力日益显现，债务风险愈加凸显。首先，地方政府的偿债压力不断累积。中央政府一再强调“谁家的孩子谁抱”，并且根据风险状况，合理测算分地区债务限额，控制高风险地区新增地方政府债务限额规模。其次，专项债支持的“好项目少”，存在项目收益不及预期、收益不能覆盖债务本息的情形，易于形成债务风险。由于专项债在规模上已经超过一般债而居于主体地位，而且在新增发行规模上远大于一般债，因而对于显性债务风险来说具有决定性意义。虽然专项债支持项目的范围在不断扩大，力图挖掘更多的收益能够覆盖本息的好项目，但好项目较少。最后，债券资金绩效管理不足、资金使用不规范等已成为引发地方债务危机的风险点。一方面，专项债资金与项目在发行、拨付、使用上的协同性不够，存在“项目等钱”或者“钱等项目”的现象，导致资金使用效率低、成本高等问题。另一方面，在地方债资金使用上违反财政纪律，不够规范，也极易引发财政风险。例如，将专项债与一般公共预算资金混用，或者将专项债资金用于支付一些由一般公共预算保障的项目，或者用一般公共预算收入填补专项债资金漏洞；挪用专项债资金用于偿还旧债、归还平台公司债务、非专项债项目支出以及有关征拆工作经费，甚至用于发工资、买理财，等等。

自省级政府通过发行债券举借债务以来，虽然地方政府债务规模不断扩张，但每年发行的一般债券、专项债券都被控制在全国人大批准的各自债务限额之内，而且全国地方政府债务余额被控制在总限额之内，但这并不意味着只要将债务规模限制在限额之内，就不存在偿债压力乃至债务风险问题。党的二十大报告明确要求“依法将各类金融活动全部纳入监管，守住不发生系统性风险底线”，这表明党中央要将显性债务纳入债务风险的问责监管范围。《国务院关于进一步深化预算管理制度改革的意见》（国发〔2021〕5号）明确提出“坚持底线思维”，“把防风险摆在更加突出的位置”。习近平总书记在2022年12月召开的中央经济工作会议上强调“防范化解地方政府债务风险”，为此，对隐性债务继续“遏制增量、化解存量”，对显性债务要“优化债务期限结构，降低利息负担”，“稳步推进地方政府隐性债务和法定债务合并监管”。这意味着，党中央、国务院开始意识到显性债务的风险性，并将其纳入债务风险防范化解的范畴之中。

三、地方政府债务问责监管的制度完善

防范化解隐性债务风险的任务仍很艰巨，显性债务诸多潜在风险已不容忽视。防范债务风险的叠加、累积和传递已成为地方政府债务治理的新课题。为此，应当对隐性债务与显性债务合并监管、一同问责，同时积极推进问责监管的制度化、法治化，并确立穿透式监管原则。

（一）确立隐性债务与显性债务的合并问责监管

从根本上看，稳步推进地方政府隐性债务和法定债务合并监管，是统筹发展和安全、推进高质量发展的重要举措。[①] 合并监管有利于形成监管合力，可以更好地从总体上把握政府债务，有效防范系统性风险。隐性债务与显性债务本质上都是政府债务，其风险性最终取决于地方政府的偿债能力。事实上，合理测算分地区债务的限额，应当充分考量该地区的隐性债务规模。其实，相对于显性债务，隐性债务具有融资成本低的特点，但因其隐蔽性、不可控性而被置于非法化的地位。在隐性债务“清零”尚未完成、规模仍然庞大的背景下，将隐性债务与显性债务合并监管、一同问责具有现实必要性。

首先，应当明确隐性债务的概念、范围等，对隐性债务实行显性化管理，将隐性债务纳入和显性债务同样的监管体系中，构建符合我国特点的债务风险综合预警指标体系，避免债务风险指标失真，真实反映地方债务风险状况。其次，从监管主体、监管对象和监管措施等方面加强和完善协同监管，健全协同监管机制。从监管主体看，应当继续强化人大监督、财政监管，构建以债权人权益保障为导向的金融监管；从监管对象看，将各类债务纳入监管范围，明确各主体监管的重点，运用

① 陈龙．隐性债务和法定债务合并监管有效阻断政府债务风险传递［N］．学习时报，2023－4－12。

“互联网+监管”、大数据等技术手段，加强信息共享、情况互通、机制协同；从监管措施看，应当建立统一的债务风险预警机制和风险应急处置机制，以及统一的债务报告和公开制度。最后，从现实紧迫性看，应当强化问责监管，实现隐性债务与显性债务的一并问责。如果只对隐性债务领域实行问责监管，就会“按下葫芦浮起瓢”，违规违法行为必然向显性债务领域“逃逸”，进而诱发显性债务风险。因此，显性债务领域实行问责制是隐性债务与显性债务合并监管的必然要求。显性债务的现实风险性决定了对其问责监管不可或缺，确立显性债务的绩效问责对防范显性债务风险至关重要。“绩效型治理”是地方政府债务治理模式演变的长期导向，坚持绩效问责的核心在于建立起地方政府平衡举债融资和风险防范的绩效激励与约束机制，使地方产生持续改进绩效的内在驱动力。[①] 当然，从问责的适用范围来看，二者存在明显的不同。在隐性债务领域，主要对新增隐性债务和化债不实等行为进行问责；而在显性债务领域，则主要是对脱离实际过度举债、违规使用债务资金等行为进行问责。虽然地方政府在批准的债务限额内举债，但是明显超出地方财力发行一般债、编制虚假项目书发行专项债、无视隐性债务风险盲目发债等，导致债务偿还风险的，都应当被视为脱离实际过度举债行为。在代为举借机制下，省本级、省以下地方政府、项目主体等的党政领导都可能成为被问责的对象。

（二）积极推进问责监管的制度化和法治化

作为问责监管的主要规范性文件，《地方政府隐性债务问责办法》由中共中央办公厅、国务院办公厅发布，这表明该办法既是党纪又是国法。从财政部通报来看，党的纪律检查委员会和作为国家机关的监察委员会作为问责主体，同时对党组织的领导人员、政府官员、平台公司高管实施党内问责或行政问责。根据《预算法》第 35 条第 5 款，国务院建立地方政府债务责任追究制度。因此，从立法技术上看，问责监管显然属于地方政府债务责任追究的制度内容。

---

① 马恩涛，任海平．党的十八大以来我国地方政府债务治理的新成就新经验［J］．地方财政研究，2022（11）：24.

对隐性债务来说，包括终身问责在内的责任追究在一定程度上做出了法律回应。根据《预算法》第 94 条，违反预算法规定举借债务或者为他人债务提供担保的，对负有直接责任的主管人员和其他直接责任人员给予撤职、开除的处分。推进隐性债务与显性债务合并监管、一同问责，应当尽快修订《财政违法行为处罚处分条例》，制定财政责任法，积极推进包括问责制在内的债务责任追究制度的立法进程。需要注意的是，问责监管的制度化应当坚持法治原则。法治原则要求问责主体在法定职权范围内按照正当程序对相关责任人进行问责。正当问责程序应该包括调查取证、公共咨询、公开听证、陈述申辩、说明回应、申诉救济、公告实施等环节。

（三）问责立法应当确立穿透式监管原则

“穿透式”监管主要应用于金融领域，是突破外观形式去发现金融关系的本质，即透过表面形态识别业务实质，通过主体穿透、产品属性穿透以及嵌套层级穿透等，把资金来源、中间环节和最终资金投向连接起来，综合全流程信息来判断金融产品性质，进而采取有针对性的监管措施，通过提高监管有效性实现金融创新与金融安全的平衡。[①] 地方政府债务具有财政、金融的双重属性，因此，穿透式监管对其完全具有适用性。2018 年 3 月 28 日，财政部发布了《关于规范金融企业对地方政府和国有企业投融资行为有关问题的通知》（财金〔2018〕23 号），开始将穿透式监管原则运用于隐性债务风险的治理，明确要求按照“穿透原则”，加强资本金审查和资金投向管理。2021 年 6 月 10 日，财政部发布的《地方政府专项债券项目资金绩效管理办法》明确要求，财政部门利用信息化手段探索对专项债券项目实行穿透式监管。对于隐性债务来说，只有落实穿透式监管原则，才能准确判定隐性债务的实质，明确风险收益的实际承担主体，摸清隐性债务的规模，做到防范隐性债务风险；对于显性债务来说，只有落实穿透式监管原则，才能保证专项债项目的“全生命周期”监管，保证项目、资本金、现金流和信息披

---

① 胡关夫．穿透式监管：理论探源和专项债券监管实践［J］．预算管理与会计，2022（5）：17.

露的合规性，监控资金真实流向和实际用途，进而把握项目收益与融资平衡情况，并甄别可能产生的债务风险。

追责问责要做到规范、合法、合理，也要求落实穿透式监管原则。根据《中国共产党问责条例》第 6 条第 1 款，“问责应当分清责任。党组织领导班子在职责范围内负有全面领导责任，领导班子主要负责人和直接主管的班子成员在职责范围内承担主要领导责任，参与决策和工作的班子成员在职责范围内承担重要领导责任”。在实践中，追究个人的领导责任需要辨识清楚个人在脱离实际过度举债，违法违规举债或担保、违规使用债务资金，恶意逃废债务，隐性债务化解不实等行为中发挥的具体作用，这通常并不容易做到。因此，地方政府债务问责追责立法，应该确立法治的形式原则，明确问责追责主体在法律授权范围内按照法定程序进行，同时要确立穿透式监管的实质原则，授权问责主体从“实质重于形式”的要求出发，刺破经济活动的外观形式，发现非法举债等违法违规行为的本质，从实质上判定是否是债务违法违规行为的构成要件，并结合个人分工负责的具体情况，对违法违规行为进行分解，明确个人在每一环节的直接责任和领导责任，才能摆脱困境、精准问责。

四、结语

从历史上看，在众多问责领域中，财政问责是最早出现、最为成熟，甚至是最为重要的。建设法治国家，控制公权力滥用，最为关键的是控制国家的财政权力。政府的举债权作为财政权的重要组成部分，当然要受法律的约束。因此，对隐性债务进行风险问责，对显性债务启动绩效问责，既是防范化解地方债务风险、完善地方债务治理的现实选择，也是防止权力滥用、建设法治国家的必然要求。纵观世界各国的问责制度和实践，虽然在制度、文化等基底架构上存在差异，但都在不断强化政治问责，积极挖掘问责的法治价值。在我国，党内法规体系不断完善，党政机关合署办公改革稳步推进，政治问责的中国经验日渐成熟。

第四节　地方政府专项债的功能定位与风险防范

一般来说，地方政府债务主要有三种类型，即一般债务、专项债务和隐性债务，其成因、规模、风险、治理等呈分化之势。一般债务“不温不火”，隐性债务导向“清零”，而专项债务规模不断扩张，逐渐成为焦点。截至 2022 年 12 月末，全国地方政府债务余额为 350618 亿元[①]，中央财政国债余额约为 25.87 万亿元。因此，2022 年底，全部政府债务总额约为 60 万亿元。[②] 据统计，“2022 年全年国内生产总值（GDP）1210207 亿元”。[③] 因此，政府负债率（中央政府债务与地方政府债务之和占 GDP 的比重）约为 50%。从政府债务结构上看，地方政府债务总额约占全部政府债务总额的 58%，约占 GDP 的 29%，其中，专项债务总额约占地方政府债务总额的 60%，约占全部政府债务总额的 35%，约占 GDP 的 17.4%。不容否认的是，专项债对于拉动投资、保持经济平稳运行、促进财政政策工具的使用、扩大有效投资、带动消费和就业发挥了非常重要的作用。

从世界范围来看，我国地方政府债券市场虽然发展时间很短，但债务规模迅速扩张。美国市政债类似于我国的地方债，经历了 200 多年才发展到今天的程度。1812 年，纽约市发行了第一支一般责任市政债券，为运河建设提供资金。经过半个世纪，美国地方政府的未偿债务规模到

---

① 财政部预算司. 2022 年 12 月地方政府债券发行和债务余额情况［EB/OL］.［2023－09－20］. http://yss.mof.gov.cn/zhuantilanmu/dfzgl/sjtj/202301/t20230128_3864087.htm.

② 需要指出的是，如果将地方政府隐性债务计算在内，政府负债率、地方政府债务的比例会大幅上升。有学者指出，与政府关联密切的地方城投有息债务余额也有近 60 万亿，按照 IMF 的估算比例（将 2/3 的城投债务视为政府隐性债务），其中有 40 万亿可视为政府隐性债务。参见徐奇渊、盛中明. 准确认识财政领域的四大问题［J］. 财经，2023（5）.

③ 国家统计局. 中华人民共和国 2022 年国民经济和社会发展统计公报［EB/OL］.［2023－09－20］. http://www.stats.gov.cn/tjsj/zxfb/202302/t20230227_1918980.html.

1860年也就2亿美元，1870年增长到5.16亿美元。[①] 当前，美国市政债券市场规模大约为4万亿美元。[②] 相关数据显示，美国2022年的GDP约为25.47万亿美元。因此，美国市政债总额占其GDP的比重约为15.7%，与我国地方政府债务总额在GDP中所占的超高比重形成了鲜明对照，而且低于专项债务总额占GDP的比重。同为发展中大国，印度的市政债券市场总额约为2亿美元，邦一级债券债务约为4000亿美元，国债规模约为1.7万亿美元，中央以下政府债务约占其GDP的15%。[③] 总的来看，与外国相比，我国政府负债率不算高，但在政府债务结构上存在巨大差异，即中央政府债务与地方政府债务在GDP中所占比重存在巨大反差。截至2022财年末，美国未偿国债总额达30.93万亿美元，占GDP比重高达121.5%。[④] 印度国债占其GDP的一半以上。美国、印度的国债占据了政府债务的主要部分，特别是美国，国债总额几乎是市政债总额的8倍。反观我国，地方政府债务占据了政府债务的绝大部分，而国债总额不高、比重较低。如果将地方政府隐性债务统计在内，我国地方政府债务所占比重会更高。

鉴于专项债规模越来越大、地位越来越突出，专项债已经成为地方政府债务治理与风险防范的重心和关键，而且与一般债、隐性债的底层逻辑也不一样，有其相对的特殊性。因此，本节将专项债作为考察对象，对其规模扩张的根源进行探讨，发现专项债的功能被定位于促进经济增长。要防范化解地方政府债务风险，应逐步将专项债的功能定位于服务地方政府事权，保障地方政府事权的实现。在此基础上，本节从事权视角出发，就防范化解地方政府债务风险提出了若干具体的制度建议。

---

① Matt Glasser. Municipal Bonds in Three Countries：India，South Africa and the United States［J］. *Journal of Comparative Urban Law and Policy*，2020（4）：96.

② Investor Bulletin. The Municipal Securities Market［EB/OL］.［2023－04－21］. https：//www.investor.gov/introduction-investing/general-resources/news-alerts/alerts-bulletins/investor-bulletins-36.

③ Matt Glasser. Municipal Bonds in Three Countries：India，South Africa and the United States［J］. *Journal of Comparative Urban Law and Policy*，2020（4）：113－114.

④ 杨子荣. 美国再陷债务上限僵局［N］. 人民日报，2023－02－03（15）.

一、地方专项债的经济增长功能

《预算法》第 35 条赋予了省级政府适度的举债权，但只能通过发行地方政府债券的方式举借债务。《国务院关于加强地方政府性债务管理的意见》(国发〔2014〕43 号）规定了地方政府债券的两种方式，即一般债券与专项债券，前者形成一般债务，后者形成专项债务。2015 年，专项债首度发行，规模为 1000 亿元。2015—2017 年，在新增发行规模上，一般债均高于专项债，前者占比最高达 83.3%（2015 年）。从 2018 年开始，专项债新增发行占比逐年提高，2018 年为 61.9%，2022 年攀升至 83.5%，2023 年预计为 84.1%。①

专项债重返历史舞台并且快速扩张，根源在于专项债的经济增长功能定位。地方债乃至专项债是担负着促进经济增长的使命重返历史舞台的。客观地说，地方债能够“破冰”，存在一定的偶然性。1994 年的《预算法》明确规定“地方政府不得发行地方债券”，但是 2008 年爆发全球金融危机，面对国内经济下行压力，我国推出“四万亿”经济刺激计划。为缓解地方政府的资金配套压力，财政部安排代发地方债 2000 亿元，并代为还本付息。《2009 年地方政府债券预算管理办法》第 1 条明确了“代发代还”地方债券的目的，即“为实施好积极的财政政策，增强地方安排配套资金和扩大政府投资的能力”。由此可见，地方债从一开始就被赋予了促进经济增长的使命。

首先，专项债本质上是地方债务，地方政府应承担“自发自还”的主体责任，专项债因而是地方财政自主权的重要体现。据此，《国务院关于加强地方政府性债务管理的意见》(国发〔2014〕43 号）明确提出，“要硬化预算约束，防范道德风险，地方政府对其举借的债务负有偿还责任，中央政府实行不救助原则”。与此同时，对专项债规模实行限额管理，是防范地方政府债务风险的重要制度保障。基于此，国务院财政管理部门对地方政府债务行使财政监管的权力。

其次，为发展地方公益事业，地方政府发行专项债券筹集资金，因

① 杨志锦．一般债额度占地方债比重再创新低，地方债结构如何调整？［EB/OL］．［2023-10-22］．https：//www.21jingji.com/article/20230308/herald/295bb2176d7c03a9fc89730e6ac27cf5.html.

此，专项债本质上属于地方筹集资金的途径和方式，但是，由于突出和强化专项债的经济增长功能，专项债呈现出财政政策化的特点。根据《国务院关于印发扎实稳住经济一揽子政策措施的通知》（国发〔2022〕12 号）和《国家发展改革委办公厅关于组织申报 2023 年地方政府专项债券项目的通知》（发改办投资〔2022〕873 号），我国专项债可投向新能源、新型基础设施、市政和产业园区基础设施等 11 个领域，并可用作 13 个行业的资本金，有效支持高质量发展。专项债发挥其财政政策功能，对于全面贯彻新发展理念，加快构建新发展格局，推动高质量发展发挥了重要作用。

最后，强化专项债的经济增长功能定位，一个突出表现就是专项债的杠杆化。根据中共中央办公厅、国务院办公厅于 2019 年 6 月 10 日发布的《关于做好地方政府专项债券发行及项目配套融资工作的通知》，“对于专项债券支持、符合中央重大决策部署、具有较大示范带动效应的重大项目，主要是国家重点支持的铁路、国家高速公路和支持推进国家重大战略的地方高速公路、供电、供气项目，在评估项目收益偿还专项债券本息后专项收入具备融资条件的，允许将部分专项债券作为一定比例的项目资本金”。项目单位的债务资金本来不能用作项目资本金，将债务性质的专项债资金用作项目资本金，改变了专项债资金的性质，专项债资金成为其他投资的“安全垫”，有利于发挥专项债投资“四两拨千斤”的撬动作用，从而吸引其他资金投资，放大专项债支持重大项目的功能。专项债资金用作项目资本金，比较突出地体现了专项债的经济增长功能定位。

二、地方专项债的事权功能定位

防范化解地方政府债务风险，必须从学理上阐明专项债的本质和内涵，明确专项债功能的制度定位。应当正本清源，回归《预算法》和《国务院关于加强地方政府性债务管理的意见》（国发〔2014〕43 号）。《预算法》将地方“必需的建设投资的部分资金”作为发行地方政府债券的条件，并且规定举借的债务“只能用于公益性资本支出”。《国务院关于加强地方政府性债务管理的意见》（国发〔2014〕43 号）将“公益事业发展”作为发行地方债券的条件，并把“公益事业发展”分为“没有收益的”和“有一定收益的”。如果确需举借债务，前者发行一般债券，后者发行专项债券。在此基础上，《地方政府债券发行管理办法》明确了专项债券的内涵，即“专项债券是为有一定收益的公益性项目发行，以公益性项目对应的政府性基金收入或专项收入作为还本付息资金来源的政府债券”。2017 年 8 月，财政部印发的《关于试点发展项目收益与融资自求平衡的地方政府专项债券品种的通知》明确提出，“打造立足我国国情、从我国实际出发的地方政府‘市政项目收益债’”，应该说，“市政项目收益债”与“公益事业发展”的功能定位是一致的。[①] 因此，要正确理解专项债的内涵，关键是把握其公益性的本质。

首先，地方政府发行专项债券应当服务于公益事业发展，用于支持公益性项目，因此，专项债具有公益性。何谓公益事业？《中华人民共和国公益事业捐赠法》第 3 条明确了公益事业的非营利性，并列举了公益事业的具体事项，包括“救助灾害、救济贫困、扶助残疾人等困难的社会群体和个人的活动；教育、科学、文化、卫生、体育事业；环境保护、社会公共设施建设；促进社会发展和进步的其他社会公共和福利事业”。基于法律体系的统一性，财政法、税法等法律部门对公益事业的界定应该与捐赠法保持一致。那么，什么是公益性项目？一般认为，“公益性项目指为社会发展服务、不以营利为目的、难以从直接收益中回收投资的建设项目。一般包括科技、教育、文化、卫生、体育、气象、城市市政设施、环境保护项目，公、检、法、司等政权机关建设项目，以及党政机关办公设施、国防事业建设项目”。[②] 因此，公益性项目是实现公益事业发展的途径和方式。

其次，专项债的公益性应该具有地方性。虽然《预算法》、《国务院关于加强地方政府性债务管理的意见》（国发〔2014〕43 号）等规范性文件没有明确公益事业、公益性项目的地方性，但是专项债的地方公

① 需要注意的是，该通知同时提出“更好地发挥专项债券对地方稳增长、促改革、调结构、惠民生、防风险的支持作用”，这实际上突破了专项债的地方公益性的制度定位。

② 赵林如等．中国市场经济学大辞典［M］．北京：中国经济出版社，2019：796.

益性应是自明之理。地方政府通过发行专项债券举借债务，是为了落实支出责任。从法理上讲，地方政府在存在支出责任的法定义务，而又缺乏充足的收入来源时，才需要进行债务融资。因此，专项债应该是地方政府落实支出责任的逻辑延伸和客观需要。按照财政分权理论，地方政府支出责任取决于地方事权，而发展地方公益事业当然属于地方事权。

最后，专项债服务于地方公益事业发展，用于支持具有一定收益性的地方公益性项目，因此，专项债具有一定的收益性。公益性、地方性是地方债的共同特性，而一定的收益性将专项债与一般债区别开来。例如，城市道路、城市照明、城市广场、城市绿化等公益性项目不具有收益性，可由一般债提供资金支持；博物馆、图书馆、体育场馆、福利院、医院、学校等公益性项目则具有一定的收益性，可由专项债提供资金支持。

那么，如何调整专项债的功能定位？简言之，应当以受益性原则为指导，以地方事权和支出责任为基础，确立专项债的事权功能定位。2016 年 8 月，国务院发布的《国务院关于推进中央与地方财政事权和支出责任划分改革的指导意见》（国发〔2016〕49 号），作为建立科学规范的政府间财政关系的重要举措，为明确专项债的功能定位奠定了制度基础。该指导意见明确规定，“对地方政府履行财政事权、落实支出责任存在的收支缺口”，资本性支出可以通过依法发行政府性债券的方式来解决。那么，如何界定地方政府的财政事权与支出责任？该指导意见明确以基本公共服务受益范围即受益性原则作为划分中央与地方之间财政事权与支出责任的标准。因此，专项债券的发行、投向、偿还应当以保障地方事权为目标，以落实支出责任为标准，并最终体现受益性原则。确立专项债的事权功能意味着，积极发行专项债券用于支持地方公益事业发展，不断强化专项债对地方公益性项目的资金支持；发行专项债券用于支持基础性项目投资，应将专项债资金投向地方性的基础性项目；慎重发行专项债券支持全国性的公益性项目，以及跨省区、关系国计民生和国民经济全局的重大基础性项目。当然，对经济增长、结构调整而言，地方公益性项目专项债投资的作用非常有限，地方基础性项目专项债投资虽然有一定作用，但也应该是履行地方事权的“副产品”。

三、事权视角下地方专项债的风险防范

明确专项债的事权功能定位，有利于压实地方政府的主体责任，真正贯彻“中央政府不救助原则”，对防范化解地方政府债务风险至关重要。在“积极的财政政策加力提效”的背景下，专项债投资拉动也要加力。因此，立足于专项债的事权功能，在事权功能与增长功能之间保持合理的“张力”，是防范化解专项债务风险的现实选择。

首先，专项债及其支持项目应遵循受益性原则。《国务院关于推进中央与地方财政事权和支出责任划分改革的指导意见》（国发〔2016〕49 号）确立了受益性原则，不仅直接规范了财政事权和支出责任的划分改革，而且为政府间的其他事权、财权的划分改革指明了方向。举债权是财权的重要内容，政府间的举债权划分当然应坚持受益性原则。简言之，专项债的举借、使用、收益、偿还应当具有内在一致性。当然，专项债的受益性取决于项目的受益性。因此，从性质上看，专项债项目应限定为地方性的公益性项目和基础性项目。但是，公益性项目的社会效益高于经济效益，基础性项目长远收益高于短期收益，因此，实现项目收益与融资自求平衡比较困难，所谓“好项目少”“专项债不好用”有一定的必然性。专项债项目自求平衡的能力偏弱，在一定程度上加大了后期地方财政的还本付息压力①，在某种程度上也是正常的。对于地方政府来说，防范化解债务风险，避免陷入债务危机，必须做好项目平衡测算，拒绝盲目发债。因此，受益性原则能够使专项债成为真正的地方债，本身就是抑制专项债规模盲目扩张、防范地方债务风险的内在功能。

其次，明确国债的经济增长功能定位。推行保投资、调结构、稳增长的积极财政政策属于中央事权范围，相对于专项债乃至地方债，国债在促进经济增长中居于主体地位。因此，应当强化国债的经济增长功能，同时弱化专项债的政策功能。国债在推行积极财政政策中具有非常大的提升空间，因此，应当积极发行国债，扩大国债规模，不断强化其

① 冯俏彬，宋恒．地方政府专项债：问题与对策［J］．中国经济评论，2022（11）：42.

经济增长功能。由此可以缓解专项债落实的财政政策压力，有利于降低专项债规模，消除专项债风险。具体来说，就是要进一步优化央地支出责任，扩大中央通过国债支持基础性项目、公益性项目的力度。有学者指出，应该提高一般公共预算尤其是中央一般公共预算在基础设施投资融资中的比例，在债务层面，就是要提高政府显性债务尤其是国债对基建的直接支持。当然，在现阶段，推进积极的财政政策，专项债作为准财政工具具有一定的合理性，专项债规模扩张有一定的现实基础，也要适度发挥其促进经济增长的政策功能。

再次，完善“代举”机制，确定资金使用主体的偿还责任。一般情况下，“借债还钱”是极为正常的，因为举借主体通常就是使用主体。然而，在专项债情形下，资金使用主体除了作为举借主体的省级政府外，还包括作为非举借主体的基层政府、公用企业、国有企业、学校、医院等。之所以如此，是因为《预算法》未将举债资格赋予基层政府等使用主体，而是确立了省级政府“代为举借”的融资机制。“代”“举”的二维制度架构，在资金流上隔离了专项债券的融与用，设定真正的债务人是市县级政府，而直接的责任主体是省级政府。① 事实上，“借”与“用”的分离导致使用主体在法律上不需承担偿还责任，极易引发使用主体的道德风险问题。因此，在“代举”机制下，应该强化“用债还钱”，明确使用主体的偿付责任。如果省级政府作为发行人不再是还款义务人，而是由使用主体承担还款义务，则不仅可以降低使用主体的道德风险，提升资金使用效率，而且能够减轻地方政府偿债压力，防范地方政府债务风险。当然，根据《预算法》第 35 条第 2 款，除了省级政府外，“地方政府及其所属部门不得以任何方式举借债务”。

最后，积极赋予地方税权，努力扩大地方财政自主权。在“中央政府不救助原则”下，地方政府的举债水平和风险防范能力应当取决于其稳定、充足的自主财力。从实际情况看，在地方政府的财政收入中，中央对地方的转移支付、国有土地使用权出让收入占据了重要地

---

① 熊伟，许恋天．地方政府专项债券：制度困境与路径选择［J］．上海经济研究，2022（4）：80.

位，共享税收入的地方分成也高于地方税收入。因此，确立地方税权是地方税体系完善的前提和基础。防范地方政府债务风险，乃至构建发达的政府债券市场，从根本上看，需要扩大以地方税权为主的地方财政自主权。

四、结语

防范化解地方政府债务风险，需要调整专项债的功能定位，减少其经济增长功能，明确其地方事权功能。从短期来看，这有利于强化地方政府的主体责任，真正落实“中央政府不救助原则”；从长远来看，这有利于完善地方政府债务管理体系，培育健康的地方政府债券市场。防范债务风险应当立足长远，目标是形成发达的地方政府债券市场。这是一项系统工程，涉及财政体制、市场监管、法治环境等多个方面，专项债的功能定位问题只是其中一个制度节点而已。从财政体制上看，继续推进中央与地方、省级与省级以下政府之间的财政体制改革，应当明确地方税权，赋予省级以下政府适度的举债权。从市场监管来看，应当完善债券信息披露，加强投资者合法权益保护。另外，地方政府债务风险不仅影响投资者债权利益的实现，而且涉及作为纳税人的地方居民的合法利益。适度的债务规模，能够使债权人、纳税人双方的利益最大化。从根本上看，应当不断完善法治环境，实现纳税人与债权人双方利益的制度平衡。

第七章

地方税权与房地产税立法

党的十八届三中全会通过的《关于全面深化改革若干重大问题的决定》首次提出“加快房地产税立法并适时推进改革”，我国房地产税改革正式拉开序幕。2018 年 9 月，在《十三届全国人大常委会立法规划》中，房地产税法被列入第一类目第 48 项。2021 年 10 月 23 日，第十三届全国人民代表大会常务委员会第三十一次会议通过了《关于授权国务院在部分地区开展房地产税改革试点工作的决定》，房地产税立法蓄势待发。根据该授权决定，“国务院制定房地产税试点具体办法，试点地区人民政府制定具体实施细则。国务院及其有关部门、试点地区人民政府应当构建科学可行的征收管理模式和程序”，“试点地区的房地产税征税对象为居住用和非居住用等各类房地产，不包括依法拥有的农村宅基地及其上住宅。土地使用权人、房屋所有权人为房地产税的纳税人”。众所周知，房地产税的管理成本高昂，[①] 积极推进房地产税立法面临较大的挑战，但房地产税改革有利于“引导住房合理消费和土地资源节约集约利用，促进房地产市场平稳健康发展”。应该说，通过

① Roy Bahl，Musharraf Cyan. Tax assignment：Does the Practice Match the Theory？［J］. *Environment and Planning C*：*Government and Policy*，2011（29）：270.

房地产税实现“房住不炒”具有广泛的群众基础，是推进房地产税立法的便捷路径。由此可见，该授权决定为房地产税的立法与改革确立了市场调控的经济目标，并以此作为逻辑起点。但是，作为典型的地方税，房地产税的重要功能在于增加地方财政收入，因此，财政目标应该成为房地产税立法的重要逻辑起点。作为地方税，房地产税有利于实现“维克塞尔关联”，而“维克塞尔关联”是地方治理现代化的重要路径。因此，房地产税立法还应从推进国家治理现代化的立场出发，将加强“维克塞尔关联”作为房地产税立法的逻辑起点和构建路径，具有重要的现实意义。

第一节 “维克塞尔关联”的意涵

最早提出“维克塞尔关联”一词的是美国学者布雷顿。他在《竞争性政府》中写道：“维克塞尔（1896）和林达尔（1919）……认识到，如果收入和支出的决策之间出现了真正的连接或关联，如果真实的需求函数结果被揭示，那么公共（集体）物品和服务的供给将是有效率的……由此，我将把这种联系称为‘维克塞尔关联’（Wicksellian Connection）。”[①] 在维克塞尔和林达尔看来，公共部门提供的服务是卖给接受服务的那些人的，这种出售产生的收入应该足以支付提供服务所需要的费用。因此，国家为个人提供服务的边际效用与纳税人损失财富的边际效用应当是等价的。“维克塞尔关联”强调的是地方收入与地方支出之间建立起直接、明确的联系，以实现资源配置的效率。作为现代公共财政理论的奠基人，马斯格雷夫（Richard A. Musgrave）始终把他自己的工作完全置于维克塞尔的传统下[②]，而在奥茨（Wallace E. Oates）看来，财政联邦理论的方法又是“以被广泛应用的马斯格雷夫

① Albert Breton. *Competitive Governments* [M]. Cambridge: Cambridge University Press, 1996: 3.

② Richard M. Bird, Enid Slack. *Local Taxes and Local Expenditures: Strengthening the Wicksellian Connection* [R]. International Center for Public Policy, Working Paper, 2013.

（Richard A. Musgrave）有关政府部门作用的理论为基础的”。[①] 财政联邦制理论的基本目标可以概括为“通过促进预算政策的三部曲之间，也就是谁来决策、由谁受益、由谁支付之间的一致性，提高政客和官僚的反应能力和问责制，确保公共物品和服务的供给更符合地方辖区的受益人和纳税人的偏好”。[②] 实际上，现代财政联邦制理论一直以来都是将“维克塞尔关联”奉为“圭臬”，它所追求的效率、民主等价值以及硬预算约束目标都是根源于“维克塞尔关联”的立场和方法的。

首先，加强“维克塞尔关联”，对提高公共部门的效率至关重要。从本质上看，“维克塞尔关联”是市场逻辑从私人物品延伸到公共物品的结果。根据自由市场经济理论，对具有竞争性、排他性的私人物品的供给，只要满足充分竞争的条件，市场就能够实现资源的有效配置。但是，对具有非竞争性、非排他性的公共物品的供给，市场会失灵，需要政府履行相应的供给职能。瑞典经济学家维克塞尔和林达尔试图突破市场在公共物品供给中的局限，将市场逻辑运用于公共物品供给的分析中，并表明，如果政府遵循市场原则，其资源配置将是最佳的。当然，公共物品的定价不同于私人物品，在林达尔看来，每个个体都面临着根据自己意愿确定的价格，并按照这种价格购买公共物品的总量。当处于均衡状态时，这些价格使每个个体需要的公共物品量相同，并与应该提供的公共物品量保持一致。林达尔均衡表明，每个个体购买并消费了公共物品的总量，按照这些价格的供给恰好就是每个个体支付价格的总和。因此，从逻辑上看，公共物品的价格不是由强制性的税收决定的，相反，强制性的税收取决于公共物品的价格。因此，地方政府承担着一定的公共物品供给职能，而公共物品供给的资金来源主要是税收，税收则是每个个体购买公共物品的价格。也就是说，公共部门提供的公共物品和服务是卖给接受服务的每个个体的，税收作为政府销售服务所产生的收入，应该足以支付公共物品和服务供给所需的资金。

---

① ［美］华莱士·E. 奥茨. 财政联邦主义［M］. 陆符嘉译. 北京：译林出版社，2012：5.

② Richard Bird，Bernard Dafflon，Claude Jeanrenaud，Gebhard Kirchgässner. *Assignment of Responsibilities and Fiscal Federalism*［A］. in R. Blinden bacher，A. Koller，eds. Federalism in a Changing World：Learning from Each Other［C］. Montreal：Published for the International Conference on Federalism 2002 by McGill-Queen's University Press，2003：351.

因此，地方政府只有将其地方支出用于满足地方居民的偏好和意愿，不断改进其公共物品和服务的供给，才能将其公共物品和服务“卖”出去，从而获得税收收入；只有地方政府获得更多的税收收入，才能更好地提供公共物品和服务，地方居民就能获得更好的收益，税源得到更好的培育。总之，加强“维克塞尔关联”，地方收入与地方支出之间形成良性循环，对地方政府能够产生有效激励，改善民众的福利，实现资源的有效配置。同时，地方支出依赖于地方收入，而地方收入的实现又受制于地方支出的效益，从而能够有效约束地方政府的预算支出，克服预算软约束问题。

其次，加强“维克塞尔关联”，有助于实现财政税收过程的民主化和问责制。财政民主原则是人民主权在财政领域的具体体现，是财政法领域的核心原则。加强“维克塞尔关联”，是落实财政民主原则的具体路径。如果地方收入与地方支出之间建立起稳固而直接的“维克塞尔关联”，那么民众就可以对地方财政税收的运作过程进行全面参与，财政税收过程的民主化将会有力推进国家治理的现代化。在美国，改善地方学区的方案，往往与为资助这一方案而提出的增加财产税的方案一并提交全体地方选民讨论。① 在地方支出方面，扩大地方支出自然需要增加地方收入，这必然加重地方居民的税收负担。由此一来，居民对地方政府扩大支出会怀有天然的警惕和排斥，而不会盲目附和。因此，民众监督使地方政府在扩大地方支出时受到来自收入端的压力，从而防止地方政府坠入财政支出的“黑洞”，有利于防范地方政府债务增加所带来的风险。在地方收入方面，由于地方收入的目的是服务于地方支出，因此，提高地方收入自然需要满足扩大地方支出的合法性要求。居民作为地方支出的受益主体，具有充足的条件和资格去拷问地方支出的内容、范围和效益问题，并有权决定是否为此“埋单”。因此，地方政府在提高地方收入时受到来自支出端的压力使得民主监督变为活生生的具体实践，也使得问责制成为可能。

最后，加强“维克塞尔关联”，有助于实现硬预算约束、提升税收

① ［美］华莱士·E. 奥茨．财政联邦主义［M］．陆符嘉译．北京：译林出版社，2012：18.

遵从度。财政的纵向与横向失衡问题是财政分权的必然结果，因此，转移支付是财政分权制度的必然内容。然而，转移支付必然带来软预算约束问题。于是，现代财政联邦制理论回到了“原点”，通过加强“维克塞尔关联”，来解决软预算约束这一财政联邦主义的内生性“顽疾”。《2002年—2006年中国税收征收管理战略规划纲要》首次提到税收遵从问题。税收遵从是指纳税人依照税收法律规范的规定履行纳税义务，它包含三个基本要求，即及时申报、准确申报、按时缴款。加强“维克塞尔关联”，提高资源配置的效率，实现民主与问责，对于提升税收遵从度至关重要。

总的来看，加强“维克塞尔关联”对于我国推进国家治理现代化具有重要的现实意义。房地产税作为典型的地方税，对于实现和加强“维克塞尔关联”具有独特的优势。地方税的主体税种不突出，地方税权较为有限，不利于加强“维克塞尔关联”。2021年《关于授权国务院在部分地区开展房地产税改革试点工作的决定》为加强“维克塞尔关联”提供了难得的契机，加强“维克塞尔关联”则为房地产税立法提供了崭新视野和坚实基础。

第二节　房地产税立法的逻辑起点

房地产税是对房地产的保有环节课征的税收，是以不动产为课税对象的财产税。目前，非居住用房地产的房产税、城镇土地使用税属于地方专享税，可以预见，对居住用房地产征收的房地产税也应该属于地方专享税。房地产税可以被赋予经济、社会、财政等多重政策目标。不同的政策目标构成了房地产税立法不同的逻辑起点，进而形成风格迥异的立法模式和制度设计。作为典型的地方税，房地产税承载了过多的政策目标，也许会成为其不能承受之重。应该拨去层层迷雾，探寻房地产税的“真谛”，为房地产税立法的目标诉求“减负”，从而将房地产税立法的逻辑起点建立在最低限度的普遍共识基础上，房地产税的立法与改革才能行稳致远。

首先，将房地产税用于调控房价，把经济目标作为房地产税立法的逻辑起点，房地产税会偏离财产税的本质，影响财政目标的实现。房地产税是一种对房地产保有环节征收的税种，是地方政府的主要税源之一，也是调控房价、缩小贫富差距、促进房地产市场健康发展的重要政策工具。目前，我国还没有全面实施个人房地产税，只在上海和重庆进行了试点。根据试点方案，上海和重庆分别采取了从价计征和从租计征两种方式。从价计征按房产总价的 1.2% 征收，从租计征按房产租金的 12% 征收。这两种方式都只针对高档住宅或者非普通住宅，并且设定了一定的免征或减免条件。客观来看，征收房地产税会增加房产的持有成本，对房价上涨有一定的抑制作用。一般来说，广大居民购买住房，通常有三个目的：满足生活需要的居住、实现资产配置的投资以及作为低买高抛的投机。将房地产税定位于打击炒房，应该主要对投机性房地产征税，对于投资性房产应该少征税或者不征税，对居住性房产则应该完全不征税。不过，在财政联邦制理论看来，房地产税属于地方税，相应的税权主要归属于地方，但是宏观调控属于中央事权。因此，税权主要归属于地方的房地产税很显然不能成为中央实现宏观调控事权的工具或手段。而且，地方没有动力去实施具有外溢性的宏观调控。地方并不排斥房地产的投资甚至投机，因为投机可以拉动地价从而使地方获得更多的收益。因此，将房地产税作为宏观调控的工具或手段，与房地产税作为地方税的特性存在明显的冲突。

其次，根据财政联邦制的经典理论，收入的公平分配属于中央财政的基本职能，地方政府通常不具有实现收入公平分配的职能。累进型的个人所得税属于中央税，房地产税属于典型的地方税。累进型个人所得税有利于实现收入的公平分配，而作为地方税的房地产税的作用是有限的。当然，在当前的现实背景下，也不能否认征收房地产税在一定程度上有利于实现收入的公平分配。这是因为，一般来说，个人所得税无法在财富持有环节发挥分配调节作用，而房地产税正好具有对财富存量进行调节的作用，能弥补个人所得税不足。在我国，部分高收入群体通过投资和持有房地产实现财富快速增值，如果收益和增值游离于国家税收政策调节之外，则不利于实现收入的公平分配，征收房地产税可以实现对财富存量的分配调节。

最后，将房地产税用于地方收入，把财政目标作为房地产税立法的逻辑起点，符合房地产税的财产税本质，但增加财政收入的作用可能比较有限。从 OECD 国家的相关数据来看，OECD 各国 2017 年度的财产税收入占中央税收总收入的比重平均只有 3.5%；在 OECD 的联邦制国家中，2017 年度的财产税收入占州政府税收总收入的比重平均为 16.2%，占地方政府税收总收入的比重平均为 55.8%；在 OECD 的单一制国家中，财产税收入占地方政府税收总收入的比重平均为 45%。[①] 由此可见，财产税的主要作用在于筹措地方财政收入。虽然包括房地产税在内的财产税在地方政府的财政收入中所占比例较高，但在中央财政收入中的比例非常低。因此，作为地方税，财产税在宏观经济调控和收入公平分配中的职能非常有限。还是以 OECD 国家为例，其财产税主要包括以房屋和土地为课税对象的不动产税，财产净值税，遗产、继承以及赠与税，金融与资本交易税等。近年来，财产税收入在 OECD 各国税收总收入中的比重分别为：2010 年 5.4%，2016 年 6.5%，2017 年 5.8%。其中，澳大利亚、加拿大、爱尔兰、韩国、英国、美国等国 2017 年度的财产税收入所占比重都在 10% 以上，而奥地利、捷克、爱沙尼亚、立陶宛、墨西哥、斯洛伐克、斯洛文尼亚等国 2017 年度的财产税收入所占比重在 1% 左右。[②] 由此可见，各国财产税收入在税收总收入中的比重差异比较大。具体到不动产税收入，它在税收总收入中的比重更低。在 OECD 国家，不动产税收入作为财产税收入的主体，占财产税收入的比重平均约为 60% 左右（见表 7－1）。因此，总体来看，在

① OECD 国家《收入统计（2019）》之第三章“税收水平和税收结构（1965—2018）”，具体参见“主要中央税收占中央税收总收入的百分比（2017）”（表 3.16）、“主要州政府税收占州政府总税收收入的百分比（2017）”（表 3.17）和“主要地方政府税收占地方政府总税收收入的百分比（2017）”（表 3.18），https：//www. oecd-ilibrary. org/sites/e7ad5be1-en/index. html？itemId =/content/component/e7ad5be1-en.

② OECD 国家《收入统计（2019）》之第三章“税收水平和税收结构（1965—2018）”，具体参见“财产税占 GDP 和税收总收入的百分比”（表 3.12），https：//www. oecd-ilibrary. org/sites/e7ad5be1-en/index. html？itemId =/content/component/e7ad5be1-en.

OECD 国家，不动产税收入在税收总收入中的平均比重在 3. 6% 左右。

表 7 – 1　部分 OECD 国家财产税收入与不动产税收入统计（2019 年）

序号	国家	货币单位	财产税收入（亿）	不动产税收入（亿）	不动产税收入占财产税收入比例（%）
1	澳大利亚	澳元	531. 42	326. 94	61. 5
2	奥地利	欧元	21. 50	8. 21	38. 2
3	比利时	欧元	163. 49	61. 36	37. 5
4	加拿大	加元	891. 94	721. 69	80. 9
5	捷克	克朗	246. 12	109. 67	44. 6
6	丹麦	丹麦克朗	439. 98	305. 67	69. 5
7	爱沙尼亚	欧元	0. 58	0. 58	100. 0
8	芬兰	欧元	34. 76	18. 71	53. 8
9	希腊（2018 年数据）	欧元	55. 54	35. 94	64. 7
10	匈牙利	福林	4464. 88	2214. 42	49. 6
11	意大利	欧元	437. 76	218. 48	49. 9
12	法国	欧元	977. 03	606. 07	62. 0
13	德国	欧元	376. 07	144. 4	38. 4
14	墨西哥（2018 年数据）	比索	771. 1	494. 45	64. 1
15	日本	日元	143040	106040	74. 7
16	英国	英镑	905. 53	692. 47	76. 5
17	美国	美元	6340. 76	5814. 33	91. 7
不动产税收入占财产税收入的平均比例					62. 2

注：本表根据 OECD 国家《收入统计（2019）》之第五章“各国详表（1965—2018）”绘制，具体数据参见 https：//www. oecd. org/tax/tax-policy/revenue-statistics-full-time-series. htm。

2020 年我国的全国税收收入为 154310. 06 亿元，如果按照 OECD 国家的房地产税收入在其税收总收入中大约 3. 6% 的比例测算，我国可实现的房地产税收入大约为 4629 亿元。如果按照美国不动产税收入在其总税收收入中的 14. 7% 的比例测算，我国可实现的房地产税收入大约为 22683. 6 亿元。虽然这种比较测算并不具有科学性，但是大体上能够测算出我国房地产税收入的可能空间。根据 2019 年的数据，房产税和城镇土地使用税的税收收入为5183.84亿元，占当年税收总收入(158000.46亿元)的3.3%。[①]

因此，房地产税基于财产税的本质属性，其主要目的在于筹措地方财政收入，房地产税法本质上属于财政目的税法，房地产税立法应该以财政目标作为其逻辑起点。当然财政目的的房地产税法并不否认房地产税法中经济调控税法规范和社会目的税法规范的存在，但是房地产税作为地方税的本质属性，决定了其在实现经济调控、分配调节等目标上的作用有限，因此，房地产税立法不可能以经济目标、社会目标作为其主要的逻辑起点，房地产税立法不可能设立过多的经济调控和社会目的的税法规范。房地产税在增加财政收入上作用有限，降低甚至在一定程度上冲淡了将财政目标作为房地产税立法的逻辑起点的意义，也影响了房地产税立法与改革的动力和积极性。房地产税基于其作为财产税的本质属性，虽然在筹集财政收入上作用有限，但是基于其作为地方税的本质属性，可以把加强"维克塞尔关联"作为房地产税立法的逻辑起点，通过加强"维克塞尔关联"，在推进国家治理现代化上大有作为。

近年来，中央政府不断加大对地方的转移支付，有效解决了地方财力不足的问题。同时，由于转移支付在地方收入中所占的比例过高，地方自有收入不足，地方支出依赖转移支付，因此，地方支出与地方收入之间的"维克塞尔关联"较为薄弱。2021年，中央对地方的转移支付在中央一般公共预算支出中的比例高达70.1%，在地方一般公共预算收入中的比例为40.4%。[②] 中央对个别地方的转移支付在地方一般公共预算收入中所占比例更高。房地产税作为典型的地方税，构成了地方支出与地方收入之间联系最紧密的纽带。具体而言，当地方政府的支出收益不具有外溢性时，会直接带来地方公共服务水平的提升，进而带来房地产的升值，房地产的升值又会带来更多的房地产税收入，税收收入的增加对地方政府产生直接激励，地方政府进而会为辖区提供更好的公共

---

① 国家统计局编.2020中国统计年鉴[M].北京：中国统计出版社，2020：210.

② 财政部.关于2020年中央和地方预算执行情况与2021年中央和地方预算草案的报告(摘要)[EB/OL].[2022-07-20].http://www.mof.gov.cn/zhengwuxinxi/caizhengxinwen/202103/t20210306_3666607.htm.

服务。总之，房地产税作为受益税的本质属性，决定了它是典型的地方税，使其成为加强“维克塞尔关联”的最佳路径。

第三节　房地产税立法的构建路径

将加强“维克塞尔关联”作为房地产税立法的逻辑起点。房地产税立法的诉求主要不在于调控房价，甚至不在于保障地方财政收入，而在于借助房地产税加强“维克塞尔关联”，在于实现民主、效率等价值目标，在于推进国家治理现代化。

首先，加强“维克塞尔关联”，应当确立分权立法模式。房地产税作为典型的地方税，其收入全部属于地方收入，并用于地方支出。虽然房地产税收入在地方收入中的比重不高，但是在转移支付收入、共享税收入在地方收入中的比重相对比较稳定的情况下，房地产税具有地方边际收入的特点，成为地方收入增减的“胜负手”，从而会放大房地产税在加强“维克塞尔关联”中的功能。因此，房地产税对于实现地方财政自主、确定地方政府的财政主体地位具有重要意义。房地产税立法应该确立分权立法模式。有学者建议，中央政府主要负责房地产税制度的框架性立法，即该税的立法权归中央国家机关。征收对象、计税依据、征收范围等税制要素的确定权都可以赋予地方政府，由地方人民代表大会根据本地区情况确定是否开征及如何开征，并允许各地区的房地产税制度设计有一定的差异。房地产税作为地方税税种，如果将其开征权和征管权更大力度地赋予地方政府，则既可以确保中央层面较为容易地通过立法形式将房地产税制度的框架确定下来，又可以赋予地方政府较大的税权，进而因地制宜地确定本地区房地产税改革的推进进程。[①]

其次，加强“维克塞尔关联”，应该强化地方税权配置，使地方政府有权控制其边际收入，并决定公共服务的质量和水平。事实上，赋予

① 倪红日．我国地方税体系建设面临的挑战及政策建议［J］．国际税收，2024（2）：19.

并扩大地方的税权一直是党和国家的一项重要政策。2003 年 10 月 14 日，党的十六届三中全会通过的《中共中央关于完善社会主义市场经济体制若干问题的决定》就提出："在统一税政前提下，赋予地方适当的税政管理权。" 2011 年 3 月 14 日，十一届全国人大四次会议通过的《中华人民共和国国民经济和社会发展第十二个五年规划纲要》再次提出："逐步健全地方税体系，赋予省级政府适当税政管理权限。" 2020 年 5 月 11 日，中共中央、国务院通过了《中共中央 国务院关于新时代加快完善社会主义市场经济体制的意见》，明确提出："健全地方税体系，调整完善地方税税制，培育壮大地方税税源，稳步扩大地方税管理权。" 2021 年 3 月 11 日，十三届全国人大四次会议通过的《中华人民共和国国民经济和社会发展第十四个五年规划和 2035 年远景目标纲要》再次明确："推进房地产税立法，健全地方税体系，逐步扩大地方税政管理权。" 在过去的 20 年间，从赋予地方适当的税政管理权，到稳步扩大地方税管理权，再到逐步扩大地方税政管理权，反映了党和国家对地方税权的审慎态度和不懈探求。

再次，加强"维克塞尔关联"，应该确立普遍征收原则。从本质上看，房地产税之所以是受益税，是因为居民只要接受地方政府提供的公共卫生、环境、安全等地方公共服务，就应该支付一定的对价。即便居民只有一套住房，如果接受了地方提供的公共服务，就要缴纳房地产税。因此，世界上征收房地产税的国家普遍确立了普通征收原则。除"农村宅基地及其上住宅"之外的居住用房地产，无论是增量住房还是存量住房、是首套房还是多套房，都应该纳入征税范围之内。确立普遍征收原则，不仅扩大了征税范围，有利于增加地方财政收入，而且有利于激励大多数居民关注、参与地方收入和地方支出的财政活动，有利于加强"维克塞尔关联"。落实普遍征收原则，应该废除一套房减免和人均免税面积的做法，对所有居住用房地产进行全面评估，以评估价为基础进行课征。假如，某丁有房子四套，每套均 120 平方米，每平方米皆 1 万元，共 480 万元；某戊有房一套，120 平方米，每平方米 4 万元，也是 480 万元。两个家庭各有三人，若免税面积按照人均 40 平方米计算，则某丁须为三套房纳税，而某戊无须缴纳房地产税。按套免税方案也会遇到类似问题，丁、戊两家都享有相同的免税面积，但承担的税负却差异巨大。[①] 从受益性原则来看，房产价值越高，说明从政府获得公共服务的收益越高，因此，房产价值是居民接受公共服务收益的标尺。总之，以评估价为基础课征房地产税才有可能实现量能课税和税收公平。

最后，加强“维克塞尔关联”，应兼顾社会、经济目标。加强“维克塞尔关联”，房地产税立法应该确立普遍征收原则，最大限度地发挥房地产税的财政功能，但是，这并不排除经济、社会目标的诉求。不论是控制房价，打击炒房投机行为，还是实现共同富裕，都需要加强对高收入的规范和调节，房地产税立法都应该有所作为。在房地产税税基的设定上，应该最大限度地落实“基本居住需要不可税”的法理，因此，对家庭居住用的所有房地产进行全面普遍评估的基础上，可以参考《个人所得税法》的相关规定，通过设置免税项目、费用扣除、专项扣除、附加扣除等形式，来确定房地产税的税基。在税率的设定上，可以采取超额累进税率的形式，调节收入分配，抑制炒房投机行为。

综上所述，1994 年分税制改革是我国改革历程中的一个经典之作，奠定了我国长治久安的基础，构筑了我国市场经济体制的基础。[②] 但是，它涉及的主要是央地之间的收入划分，较少涉及税权配置。1993 年《国务院关于实行分税制财政管理体制的决定》明确规定：“中央税、共享税以及地方税的立法权都要集中在中央，以保证中央政令统一，维护全国统一市场和企业平等竞争。”毋庸置疑，在社会主义市场经济体制的建立阶段，将中央税、共享税和地方税的税权一并集中到中央，具有合理性和历史必然性。随着社会主义市场经济的日渐完善，分税制改革应该区分中央税、共享税和地方税的属性和功能，实现从收入分成向税权划分的转型。财政是国家治理的基础和重要支柱。税收作为

---

① 刘志鑫. 论房产税征税对象选择与税收减免——以税负平等为视角 [J]. 清华法学，2014 (5)：86.

② 刘尚希. 分税制的是与非 [J]. 经济研究参考，2012 (7)：20.

维系国家与公民关系的纽带，是提高国家治理水平的关键因素之一。[①] 房地产税作为典型的地方税，其立法与改革应该从加强“维克塞尔关联”出发，确立分权立法模式，强化地方税权，贯彻普遍征收原则，为推进国家治理现代化的进程做出积极的贡献。

① 吴俊培，陈曾，刘文璋．税制结构、参与式治理与国家治理现代化［J］．税务研究，2021（9）：5.

第八章

产业结构税收调控的法治化

《中华人民共和国国民经济和社会发展第十四个五年规划和2035年远景目标纲要》将“优化税制结构，健全直接税体系，适当提高直接税比重”作为完善我国现代税收制度的核心内容。党的二十大报告明确提出“建设现代化产业体系”，“坚持把发展经济的着力点放在实体经济上，推进新型工业化，加快建设制造强国、质量强国、航天强国、交通强国、网络强国、数字中国”。税收是政府收入最主要的来源，也是宏观调控的重要手段。加快建设现代化产业体系，税收是不可或缺的重要元素。现代税收制度可以为建设现代化产业体系提供关键支撑。[①]随着我国经济建设水平的不断提升和财税制度改革的不断深化，如何推动现代化产业体系建设并探索与之相适应的产业税制结构成为当下的重大课题。一直以来，促进产业结构优化升级、转变经济增长方式是我国深化税制改革的主要方向和目标。新中国成立以来，我国产业结构税收调控经历了国民经济恢复和社会主义改造、计划经济、有计划的商品经济和市场经济四个发展阶段。1994年税制改革，将产业结构税收调控建立在市场经济基础之上，为产业结构税收调控的法治化奠定了基础。

① 孙莹．以现代税收制度推动建设现代化产业体系［J］．税务研究，2024（4）：122.

从学理上分析，产业结构税收调控法治化的前提是产业结构调控税权的归属问题，产业结构税收调控法治化的内容则是产业结构调控税权的运行问题。要实现产业结构税收调控的法治化，必须确立产业结构调控税权归属和运行的法治原则。

一直以来，我国产业结构调整的政策出台，都有税收调控的手段运用；而历次的税制改革，大都有产业结构调整的考虑。产业结构调整既是税收调控的重要场合，也是税收调控的重要目标。产业结构调整越来越依赖税收调控，税收调控成为产业结构调整的重要手段。因此，产业政策的法治化，必然要求作为手段的税收调控的法治化；税收调控的法治化，当然要求作为场合的产业结构调整的法治化。换句话说，在产业结构税收调控的法治化问题上有所突破，产业政策的法治化以及税收调控的法治化才有可能实现。本章考察了新中国成立后我国产业结构税收调控的历史演进，提出我国产业结构税收调控正处于法治转型阶段。要实现产业结构税收调控的法治化构建，应明确产业结构税收调控的法治立场，确立产业结构税收调控法定原则。

第一节　产业结构税收调控的法治化转型

一、产业结构税收调控的法治思维

2016 年 11 月 9 日，针对产业政策的有效性问题，林毅夫与张维迎之间面对面的可能“写入历史”的世纪之辩，引发了几乎整个学术界乃至社会公众的普遍关注。尽管国内外围绕产业政策有效性问题的争论从未间断，至今悬而未决，但产业政策在各国的广泛存在是一个不争的事实。[①] 当下关于产业政策讨论的积极意义，也许在于到底需要什么样的产业政策，怎样才能制定出“更高级”的产业政策，而不是简单废

① 对于什么是产业政策，应该有一个界定。在我国产业政策体系中，产业结构政策一直居于主导地位。因此，产业政策通常是指产业结构政策。本章提及的产业政策，主要指产业结构政策。

弃或者盲目误用产业政策。产业结构调整是产业政策的核心目标，产业结构能否实现优化升级是产业政策成败的关键。在市场经济条件下，产业结构调整与税收调控“如影随形”。产业结构调整是税收调控的主要场合，脱离产业结构调整，税收调控就可能无的放矢；产业结构调整越来越依赖税收调控，脱离税收调控，产业结构调整就会是空中楼阁。税收政策在产业结构优化中具有核心地位和关键作用。产业结构调整是税收调控的目标，税收调控是产业结构调整的手段。

近年来，产业政策、产业结构调整、税收调控等开始进入法学者的研究视野。有学者提出了产业政策法治化的命题，提出了法治化的路径和方案，目的是把产业政策置于法治原则下，用法律保证产业政策的有效性、合法性。还有学者专门研究税收优惠政策的法律问题，意图借助于“落实税收法定原则”，来推进税收调控的法治化。但是，法学界已有的研究成果都没有把产业结构调整与税收调控联系起来，也没有将产业政策的法治化与税收调控的法治化结合起来进行研究。其实，它们之间存在着密不可分的联系。产业政策的法治化，必然进一步要求税收调控的法治化，离不开税收调控法治化的有效支撑；税收调控的法治化，需要置于产业结构调整政策法治化的框架背景下，也离不开产业结构调整政策法治化的条件保障。二者一表一里、相互配合，才能实现产业结构税收调控的法治化，由此才可能破解产业政策有效性的难题，消除税收调控对市场竞争的可能侵害。实现产业结构税收调控的法治化，既是产业结构税收调控发展完善的必然要求，又与全面推进依法治国的时代要求相契合。本书在考察新中国成立后我国产业结构调整与产业政策演化的基础上，研究了我国产业结构税收调控的发展历程，明确提出我国产业结构税收调控正处于法治化转型阶段。

二、产业结构调整与产业政策的演化

1949—1957 年，我国经历了一个比较短暂的国民经济恢复和社会主义改造的历史阶段。1949 年 9 月 29 日，中国人民政治协商会议第一届全体会议通过的具有临时宪法性质的《中国人民政治协商会议共同纲领》（以下简称《共同纲领》）确立了优先发展重工业的战略目标。

《共同纲领》第 3 条提出“稳步地变农业国为工业国”，第 35 条确立了优先发展工业特别是重工业的战略目标，即“关于工业：应以有计划有步骤地恢复和发展重工业为重点，例如矿业、钢铁业、动力工业、机器制造业、电器工业和主要化学工业等，以创立国家工业化的基础。同时，应恢复和增加纺织业及其他有利于国计民生的轻工业的生产，以供应人民日常消费的需要”。《共同纲领》第 37 条提出：“引导社会游资及无益于国计民生的商业资本投入工业及其他生产事业。”实行重工业优先发展战略，主要基于捍卫国家独立的政治考虑，甚至可以视为是对西方阵营军事压力的防御性反应①，而且，通过重工业的先行增长带动轻工业、装备农业进而促进整个国民经济的快速发展，尽快赶超发达国家。因此，优先发展重工业作为国家战略，超越了通常意义上的产业政策，甚至是计划经济体制形成的逻辑起点。1958—1978 年的社会主义计划经济阶段，仍然延续了“优先发展重工业、重视农业、忽视第三产业”的基本格局。

1978—1993 年，是从计划经济向市场经济过渡的有计划的商品经济时期，是产业政策从提出到成熟的发展时期。1978 年 12 月 18 日至 22 日召开的十一届三中全会，是新中国成立以来我党历史上具有深远意义的伟大转折，全党把工作重点转移到经济建设上来，开启了改革开放的序幕。以经济建设为重点，必然涉及产业结构的调整问题。《中国共产党第十一届中央委员会第三次全体会议公报》明确指出：“毛泽东同志 1956 年总结我国经济建设经验的《论十大关系》报告中提出的基本方针，既是经济规律的客观反映，也是社会政治安定的重要保证，仍然保持着重要的指导意义。”毛泽东在《论十大关系》中明确指出，重工业是我国建设的重点，但也要多发展一些农业、轻工业，必须处理好重工业和轻工业、农业的关系。会议公报明确提出“全党目前必须集中主要精力把农业尽快搞上去”。此次全会通过了《中共中央关于加快农业发展若干问题的决定（草案)》，党的十一届四中全会正式通过了《中共中央关于加快农业发展若干问题的决定》。《国民经济和社会发展

① 严鹏．战略性工业化的曲折展开：中国机械工业的演化（1900—1957）［M］．上海：上海人民出版社，2015：317.

第六个五年计划（1981—1985）》提出，“大力增加适合社会现实需要的农产品、轻纺产品和其他日用工业品的生产”，“努力调整重工业的服务方向和产品结构，大力降低物质消费特别是能源消耗”。因此，改革开放初期，我国开始调整优先发展重工业战略，高度重视重工业、轻工业和农业之间的关系，特别重视农业，并开始调整工业结构。

1984 年 10 月，党的十二届三中全会通过了《中共中央关于经济体制改革的决定》，第一次提出“调节产业结构和生产力的布局”。1986 年 3 月，第六届全国人大第四次会议审议通过的《国民经济和社会发展第七个五年计划（1986—1990）》首次提出“产业政策”一词，将“坚持适应社会需求结构的变化和国民经济现代化的要求，进一步合理调整产业结构”确定为基本的原则和方针，将“产业结构和产业政策”列为第二大部分，包括第 6 章至第 15 章。其中，第 6 章规定了“调整产业结构的方向和原则”，大体内容为：继续保持农业全面增长，改善轻工业和重工业的内部结构，加快能源、原材料工业的发展，把交通运输和通信的发展放到优先地位，大力发展建筑业，加快为生产和生活服务的第三产业的发展，促进若干新兴产业的形成和发展。至此，我国明确提出了产业政策的概念，产业结构调整的目标也相对明确、稳定。1989 年 3 月，国务院出台的《关于当前产业政策要点的决定》，做出了具体的、可操作性的要求。1991 年 4 月，第七届全国人大第四次会议审议通过的《国民经济和社会发展第八个五年计划（1991—1995）》提出：“积极调整产业结构，重点是加强农业、基础工业和基础设施，改组改造和提高加工工业，把发展电子工业放在突出位置，积极发展建筑业和第三产业，促进产业结构合理化并逐步走向现代化。”1992 年 10 月，在党的十四大报告中，产业政策作为十个“关系全局的主要任务”的第三个被提了出来，即“调整和优化产业结构，高度重视农业，加快发展基础工业、基础设施和第三产业”。20 世纪 90 年代以来，加快发展第三产业成为产业结构调整的“主旋律”。1992 年 6 月 16 日，中共中央、国务院做出《关于加快发展第三产业的决定》，提出了我国发展第三产业的重大战略意义、目标和重点、主要政策和措施。1993 年 2 月，国务院批转了国家计委的《全国第三产业发展规划基本思路》，再次强调“加快发展第三产业，对于建立社会主义市场经济体制、优化经济结构、促使经济上新台阶，具有重大的战略意义”。1994 年 4 月 12 日，国务院出台了《90 年代国家产业政策纲要》，标志着我国产业政策的目标框架基本成熟。我国当时对于产业结构优化的重要性、迫切性、主要任务已经十分清楚，其主基调和当前没有大的差别，即农业是基础，工业要调结构，第三产业要加快发展。①

1992 年 10 月，党的十四大报告明确提出：“我国经济体制改革的目标是建立社会主义市场经济体制。”1993 年 11 月 14 日，党的十四届三中全会通过了《中共中央关于建立社会主义市场经济体制若干问题的决定》，对建立社会主义市场经济体制做出了全面部署，这标志着我国产业政策开始进入一个逐渐成熟、全面发展的历史阶段。首先，产业政策开始努力契合市场经济的要求，发挥市场在产业结构调整中的基础性作用。1994 年 4 月，国务院出台了《90 年代国家产业政策纲要》，明确要求产业政策“符合建立社会主义市场经济体制的要求，充分发挥市场在国家宏观调控下对资源配置的基础性作用”。2005 年国务院通过的《促进产业结构调整暂行规定》也明确规定，产业结构调整的原则是“坚持市场调节和政府引导相结合。充分发挥市场配置资源的基础性作用，加强国家产业政策的合理引导，实现资源优化配置”。其次，产业政策的制定、实施开始趋于规范化。《90 年代国家产业政策纲要》规定了产业政策的制定程序和实施制度，包括国家产业政策由国务院决定制度、国家产业政策审议制度、国家产业政策的实施保障制度，以及国家产业政策的监督、检查及评价制度。国务院制定了作为促进产业结构优化升级的一般性规定的《促进产业结构调整暂行规定》。最后，产业政策全面铺开、纵深拓展。国务院发展和改革委员会先后制定了《汽车工业产业政策》《钢铁工业产业政策》等专门性规定。2009 年，国务院推出了汽车、钢铁、石化等十大产业结构调整和振兴计划；2010—2012 年，国务院又相继出台了《关于加快培育和发展战略性新兴产业的决定》《“十二五”国家战略性新兴产业发展规划》等重大产

① 梁强，贾康．1994 税制改革回顾与思考：从产业政策、结构优化调整角度看“营改增”的必要性［J］．财政研究，2013（9）：38.

业政策。

2005 年，经国务院批准，国家发改委发布《产业结构调整指导目录（2005 年本）》，此后经过多次修订，2011 年发布《产业结构调整指导目录（2011 年本）》，2019 年发布《产业结构调整指导目录（2019 年本）》，2023 年发布《产业结构调整指导目录（2024 年本）》。产业结构调整指导目录由鼓励类、限制类、淘汰类三个类别组成。鼓励类主要是对经济社会发展有重要促进作用，有利于满足人民美好生活需要和推动高质量发展的技术、装备、产品、行业。限制类主要是工艺技术落后，不符合行业准入条件和有关规定，禁止新建扩建和需要督促改造的生产能力、工艺技术、装备及产品。淘汰类主要是不符合有关法律法规规定，不具备安全生产条件，严重浪费资源、污染环境，需要淘汰的落后工艺、技术、装备及产品。需要说明的是，对不属于鼓励类、限制类和淘汰类，且符合国家有关法律法规和政策规定的，为允许类。允许类不列入目录。

三、产业结构税收调控的法治化转型

税收调控作用于产业结构的机理在于，对需限制发展的产业，通过税收调节，降低其税后利润，以压缩社会对该产业领域的投资，缩小其在产业结构中的比重；对需加快发展的产业，则通过税收调节，提高其税后利润，促使社会投资向该产业领域倾斜，以提高其在产业结构中的比重。税收调控作用于产业结构调整，取决于产业政策的选择，最终受制于特定的经济体制。新中国成立后，我国主要经历了国民经济恢复和社会主义改造、社会主义计划经济、有计划的商品经济和社会主义市场经济四个发展阶段，每个发展阶段的产业结构税收调控都呈现出不同的内容和特点。

（一）重工业优先发展战略下的税收调控（1949—1957 年）

《共同纲领》第 40 条规定了新中国的税收政策，即“国家的税收政策，应以保障革命战争的供给、照顾生产的恢复和发展及国家建设的需要为原则，简化税制，实行合理负担”。新中国的税制初创由此展开。1950 年 1 月 27 日，中央人民政府政务院通过了《全国税政实施要则》；1 月 30 日，政务院公布了《关于统一全国税政的决定》，明确《全国税政实施要则》作为统一全国税政的具体方案。据此，中央集中税权，统一全国税政，初步建立了一套比较完整、统一的税收制度，为新中国税收政策的落实奠定了基础。

新中国成立初期，确立了优先发展重工业战略。新中国初创的税收制度通过税目、税率、减税等优惠措施，服务于重工业优先发展战略。根据《货物税暂行条例》，国家工业建设需要的重要物资，如机器、化工器材等都未列入征税品税目；货物税实行的差别比例税率，主要遵循了生产资料低于消费资料、民生必需品低于普通消费品的原则。根据《工商业税暂行条例》，工商业税中的营业税实行差别比例税率，遵循了工业轻于商业、重工业轻于轻工业、日用必需品工业轻于奢侈品工业的原则；工商业税中的所得税实行了分行业减税的优惠办法，减征率由 10% 到 40%，共分 5 级：第一类机器制造业、冶矿业、交通工具制造业等减税 40%；电工器材制造业、第一类化工制造业等减税 30%；农具制造业、出口货物制造业、文教卫生用品制造业等减税 20%；橡胶皮革制造业、建筑器材制造业等减税 15%；手工工具制造业、医疗业、饲养业等减税 10%。

社会主义改造完成前的多种经济成分并存，是多税种、多层次的复合税制存在的客观条件。新中国成立初期，我国比较重视税收对重工业优先发展战略的调控作用，基本上形成了税收全面参与调控的格局，但是，税收相对于计划、价格、利率等手段，只起到了辅助作用。

（二）计划经济体制下的税收调控（1958—1977 年）

1956 年，社会主义改造基本完成，计划经济体制也基本形成。原有的适应国民经济恢复时期多种经济成分并存而制定的多税种、多环节征收的税制与新形势发生了矛盾。“积极简化税制与适当调整税利比例相结合”成为新一轮税制改革的基本方针。1958 年，将商品流通税、货物税、印花税及工商业税中的营业税合并为工商统一税；1973 年，将盐税、工商统一税及其附加、城市房地产税、车船使用牌照税、屠宰税合并为工商税。1958—1959 年，受“非税论”“税收无用论”的影响，农村实行“财政包干、不再征税”，城市一度试行“税利合一"，即对国营企业征收的工商统一税及其附加，以及地方各税，一律停止征收，把这些税合并到企业利润，以利润形式上缴国家，定名为"企业上缴收入"，而原来国营企业的各种税收和利润不再分别缴纳。

1958—1978 年的社会主义计划经济阶段，中国税制一再简化，甚至一度被取消。虽然计划经济体制下的税收调控遭到严重弱化，但仍对延续下来的"优先发展重工业、重视农业、忽视第三产业"的基本格局，做出了一定的调控回应。首先，优先发展重工业的税收调控得到延续，并规定了免税措施激励某些产业的发展。根据《工商统一税条例（草案）》，电力、机器、机械、化学肥料、其他工业品等税目适用 5% 的低税率；国家银行、保险事业、农业机械站、医疗保健事业的业务收入和科学研究机关的试验收入，免纳工商统一税。其次，税收调控服从并服务于国家计划调节。主要表现在，以计划价格和计划利润水平为依据修改、制定工商统一税和工商税税率，调节产业结构，鼓励支农产品和其他急需产品的发展。[①] 税收调节从属于计划调节，导致税收调控的地位薄弱。最后，产业结构税收调控的权力下放，影响了调控的权威性、科学性。1958 年全国人大常委会批准的《国务院关于改进税收管理体制的规定》，对国家的税收管理体制进行了改进，改进的原则为，凡是可以由省、自治区、直辖市管理的税收，都交给省、自治区、直辖市，赋予其机动调整的权限；允许省、自治区、直辖市制定税收办法，开征地区性的税收。对已经划为地方固定收入的印花税、利息所得税、屠宰税、牲畜交易税、城市房地产税、文化娱乐税、车船使用牌照税等七种税收，省、自治区、直辖市在中央统一的征税条例的基础上，根据当地实际情况，有权采取减税、免税或者加税的措施；有权对这些税收的税目和税率作必要的调整。对已经划为调剂分成收入的商品流通税、货物税、营业税、所得税等四种税收，其管理权限基本上仍然归中央集中掌握，但允许省、自治区、直辖市在规定的范围内，根据实际情况，实行减税、免税的措施，也可以实行加税的措施。

① 樊丽明．税收调控研究［M］．北京：经济科学出版社，2000：181.

（三）有计划的商品经济体制下的税收调控（1978—1993 年）

改革开放之初，我国开始走出“非税论”“税收无用论”的误区，我国税制建设开始恢复、准备和起步。这个时期，先后制定了《中外合资经营企业所得税法》《个人所得税法》《外国企业所得税法》，建立了涉外税收制度，并规定了产业结构调整税收调控的零星措施。例如，1978 年 6 月 9 日，财政部发布《关于农机金属协作件免税的通知》，1979 年 11 月 7 日，财政部发布《关于试办企业性工业公司征税问题的通知》，免征工商税以促进专业化协作；1978 年 4 月 21 日，财政部发布《关于在税收上对新产品采取扶植政策的通知》，以支持新产品开发。1983—1993 年，是改革开放后税制改革全面展开的阶段。在这个时期，我国实行了国营企业“利改税”和工商税收制度的全面改革。多税种、多环节、多层次，以流转税和所得税为主体的复合税制体系的建立，为产业结构的税收调控奠定了基础。《中共中央关于经济体制改革的决定》明确指出“社会主义经济是有计划的商品经济”，并且提出要“充分重视经济杠杆的作用”，“综合运用价格、税收、信贷等经济杠杆”，“调节产业结构和生产力的布局”。

1983—1984 年，我国分两步在全国范围内推行了“利改税”制度。“利改税”就是将国有企业向国家缴纳的纯收入由利润上缴形式改为缴纳所得税、调节税等税收形式，将国家与国有企业的财产关系用税法的形式确立、固定下来。1984 年 9 月 18 日，第六届全国人民代表大会常务委员会第七次会议通过《全国人民代表大会常务委员会关于授权国务院改革工商税制发布有关税收条例（草案）试行的决定》（该授权立法决定已于 2009 年被废止）。据此，国务院发布了《中华人民共和国产品税条例（草案）》《中华人民共和国增值税条例（草案）》《中华人民共和国盐税条例（草案）》《中华人民共和国营业税条例（草案）》《中华人民共和国资源税条例（草案）》《中华人民共和国国营企业所得税条例（草案）》和《国营企业调节税征收办法》。1985 年 4 月 10 日，第六届全国人民代表大会第三次会议通过了《全国人民代表大会关于授权国务院在经济体制改革和对外开放方面可以制定暂行的规定或者条例的决定》。1985—1988 年，国务院又先后发布了《中华人民共和国城市维护建设税暂行条例》《中华人民共和国房产税暂行条例》《中华人民共和国车船使用税暂行条例》《中华人民共和国印花税暂行条例》和《中华人民共和国城镇土地使用税暂行条例》。

伴随产业政策的日趋成熟，多税种、多环节、多层次的税收体系的初步确立，为发挥税收的产业结构调整功能奠定了基础。《中华人民共和国产品税条例（草案)》《中华人民共和国增值税条例（草案)》《中华人民共和国营业税条例（草案)》《中华人民共和国资源税条例（草案)》已经有产业结构调整的税法规范，但是《中华人民共和国国营企业所得税条例（草案)》并没有产业结构调整的减税、免税规定。1991年国务院发布实施了《中华人民共和国固定资产投资方向调节税暂行条例》(2012 年废止)，明确“为了贯彻国家产业政策，控制投资规模，引导投资方向，调整投资结构，加强重点建设，促进国民经济持续、稳定、协调发展，制定本条例”。1992 年 6 月 16 日，中共中央、国务院作出了《关于加快发展第三产业的决定》，提出要“利用金融和税收等经济手段扶持第三产业发展。……对一些新办的第三产业企业，确有必要时可按产业政策在一定时期内缓征、减征所得税”。

1978—1993 年，是从计划经济向市场经济过渡的有计划的商品经济时期，是产业政策从提出到完善的发展时期，也是建立现代税收制度的酝酿、准备时期。由于历史阶段的局限性，尚不能把产业结构的税收调控置于市场经济基础上，也不能准确定位税收调控在产业结构调整中的作用。实践中甚至出现了“过分夸大税收的功能和作用，把税收视为解决改革中出现的种种问题的‘灵丹妙药’”的现象。[①]

（四）市场经济体制下的税收调控（1994 年至今）

1992 年 10 月，党的十四大报告明确提出“我国经济体制改革的目标是建立社会主义市场经济体制”，“要使市场在社会主义国家宏观调控下对资源配置起基础性作用”。1993 年 11 月 14 日，党的十四届三中全会通过了《中共中央关于建立社会主义市场经济体制若干问题的决定》，对建立社会主义市场经济体制做出了全面部署，其中包括：“合

① 许建国，李波．改革开放 30 年来税收理论发展的历程［J］．税务研究，2008（10）：12.

理划分中央与地方事权基础上的分税制，建立中央税收和地方税收体系”，“按照统一税法、公平税负、简化税制和合理分权的原则，改革和完善税收制度”。1993 年 12 月 11 日，国务院发布《国务院批转国家税务总局工商税制改革实施方案的通知》，自 1994 年 1 月 1 日起，在全国施行工商税制改革实施方案。[①] 1994 年税制改革是一场适应社会主义市场经济体制的新改革，与新中国成立以来的历次税制改革存在根本不同。2003 年底，我国启动了新一轮税制改革。[②] 主要任务是进一步落实 1994 年税制改革所确立的“统一税法、公平税负、简化税制”原则，使现行税制更加契合市场经济的规律和要求。2007 年，将内外资企业分别适用的不同企业所得税制合并为一个统一的企业所得税制。2009 年 1 月 1 日起，在全国范围内实施增值税转型改革，将“生产型”增值税转型为“消费型”增值税。2011 年，经国务院批准，财政部、国家税务总局联合下发营业税改增值税试点方案。2016 年 3 月，国务院常务会议决定，自 5 月 1 日起，我国全面推开“营改增”试点，将建筑业、房地产业、金融业、生活服务业全部纳入“营改增”试点，至此，营业税退出历史舞台。

1994 年的税制改革奠定了我国现行税制的基本格局。此后的零星改革都遵循了 1994 年税制改革的指导思想，本质上都是 1994 年税制改革的延续，目的都是更加适应市场经济的要求。不论是产业政策、税收调控，还是产业结构税收调控，只有在市场经济的基础上，才能获得其本体性的存在意义。产业结构税收调控的法治化，从根本上讲，也是 1994 年税制改革思想和逻辑延伸的必然结果。

---

① 此次税制改革的主要内容是：第一，全面改革了货物和劳务税制，实行了以比较规范的增值税为主体，消费税、营业税并行，内外统一的货物和劳务税制。第二，改革了企业所得税制，将过去对国营企业、集体企业和私营企业分别征收的多种所得税合并为统一的企业所得税。第三，改革了个人所得税制，将过去对外国人征收的个人所得税、对中国人征收的个人收入调节税和个体工商业户所得税合并为统一的个人所得税。第四，对其他税收作了大幅度的调整，如扩大了资源税的征收范围，开征了土地增值税，取消了盐税、烧油特别税、集市交易税等若干税种，并将屠宰税、筵席税的管理权下放到省级地方政府，新设了遗产税、证券交易税（这两种税后来没有立法开征）。参见刘佐．艰苦的历程，辉煌的成就——开放 30 年来中国税制改革的简要回顾．《税务研究》2008（10）：9.

② 高培勇．新一轮税制改革评述：内容、进程与前瞻．财贸经济，2009（2）：5.

一方面，1994 年以来的税制改革，谋求建立统一、公平、简化的税收制度，以创造满足市场经济主体自由公平竞争的税收环境，这对产业结构优化调整具有基础性的根本意义。《工商税制改革实施方案》确立的税制改革的“指导思想”是“统一税法、公平税负、简化税制”，关于落实“指导思想”的“基本原则”，方案规定“税制改革要有利于实现公平税负，促进平等竞争”。因此，新税制对产业结构的调整是建立在市场调节的基础上，通过维护市场调节的主导地位、减少过分的税收干预来实现的。有学者指出，1994 年税制改革除个别地方设计了一些刻意引导产业发展的制度外，对产业政策是通过税制适应、服从市场经济体制需要体现出来的。[①] 例如，推行和完善增值税，体现了公平、简化、规范的税改要求，在一定程度上消除了重复征税，有利于促进工业分工协作。此后，“两税合并”改革，改变了税负不公、竞争不足的局面，为企业自由参与市场竞争提供了最基本的税收环境，两税合并有利于提升产业分工水平，加快产业结构升级，有利于提升内资企业竞争力，提高在华外资整体质量，还有利于鼓励技术进步，加快产业升级。[②] 增值税从生产型转为消费型的改革，不仅有利于消除重复征税，减轻纳税人负担，促进产品的公平竞争，而且有利于产业分工，激励企业投资，鼓励企业固定资产设备更新，有利于基础产业的发展和传统产业的优化升级。“营改增”则延伸、打通了增值税的抵扣链条，不仅有利于减少重复征税，降低企业税负，而且有利于促进工业转型、生产型服务业发展和商业模式创新，促进社会分工协作。

另一方面，1994 年以来的税制改革，也非常重视税收调控的作用，通过对税种、税基、税率的特别制度设计，直接引导资源配置，服务于产业政策目标，引导产业结构优化升级，积极发挥税收对产业结构的调控功能。《工商税制改革实施方案》规定，新税制“要有利于体现国家产业政策，促进经济结构的调整，促进国民经济持续、快速、健康的发展和整体效益的提高”。增值税设置了三档税率，即 17% 的一般税率、

---

① 梁强，贾康．1994 税制改革回顾与思考：从产业政策、结构优化调整角度看“营改增”的必要性［J］．财政研究，2013（9）：39.

② 章燕璐．两税合并对我国产业发展的影响分析［J］．经济前沿，2008（12）：43－44.

13%的低税率和零税率，同时规定了免税项目，均体现了产业结构的调控功能，表现为对农业、高新技术产业等产业的激励作用。营业税（“营改增”之前）中，交通运输业、建筑业、邮电通信业和文化体育业适用3%的税率，金融保险业、服务、转让无形资产和销售不动产适用5%的税率，娱乐业适用5%—20%的税率，而且设计了诸多免征营业税的税收优惠规定，在一定程度上体现了促进现代服务业发展的调控功能。选择少数消费品，在增值税的基础上再加征消费税。消费税共设有11个税目，包括烟、酒、化妆品、鞭炮焰火、贵重首饰、小汽车、摩托车、燃料油等，其中烟、酒、鞭炮焰火等是国家不鼓励发展的产业，消费税的征收也体现了促进产业结构优化的功能。2008年1月1日实施的《中华人民共和国企业所得税法》专设第四章“税收优惠”，将国债利息收入、权益性投资收益、非营利组织收入列为免税收入；对农林牧渔业项目所得、国家重点扶持的公共基础设施项目投资经营所得、环境保护节能节水项目所得、技术转让所得，免征减征企业所得税；对小型微利企业、高新技术企业适用低税率。同日实施的《中华人民共和国企业所得税法实施条例》也专设一章“税收优惠”，进一步做出了可操作性的具体规定。

我国的产业结构税收调控正在向法治化转型。一方面，产业结构税收调控的法治化转型已经具备了现实的经济基础。市场经济就是法治经济，自由的市场竞争是现代法治的经济基础。1993年以来的经济体制改革明确了社会主义市场经济的改革目标，就是要发挥市场在资源配置中的基础性乃至决定性作用。1994年以来的税制改革，也遵循了“建立符合社会主义市场经济要求的税制体系”的指导思想。这是产业结构税收调控的法治化转型的经济基础。另一方面，产业结构税收调控的法治化转型已经具备了现实条件。当前，产业政策有效性的普遍关注和广泛讨论，必然推动产业政策法治化的进程。2013年11月12日，党的十八届三中全会通过的《关于全面深化改革若干重大问题的决定》明确规定：“按照统一税制、公平税负、促进公平竞争的原则，加强对税收优惠特别是区域税收优惠政策的规范管理。税收优惠政策统一由专门税收法律法规规定，清理规范税收优惠政策。”清理规范税收优惠政策，为税收调控的法治化提供了契机。

第二节　产业结构税收调控的法治化构建

要实现产业结构税收调控的法治化构建，首先应明确产业结构税收调控的法治立场，在落实税收法定原则的基础上，在经济法的论域范围内，运用经济法的原则，构建产业结构税收调控的规则体系。

一、产业结构税收调控的法治化路径

从总体上看，我国产业结构的税收调控正处于法治化转型阶段。要改变行政主导型的产业结构税收调控，把产业结构税收调控纳入法治的轨道，用法律规范和保障产业结构税收调控权力的行使。法治化的实质在于，规范国家产业结构税收调控权力，使其在不干扰市场经济正常运行、不损害公平原则的前提下，在促进资源优化配置、经济稳定、社会公平等方面发挥调控作用。为此，需要理清产业结构税收调控的法治化路径，首先应明确产业结构税收调控的法治立场，然后在产业结构税收调控中落实法定原则，做到产业结构税收调控的法律化，在法律化的基础上，在经济法的论域范围内，运用经济法的原则，构建产业结构税收调控的规则体系。

（一）确立产业结构税收调控的法治立场

确立产业结构税收调控的法治立场，是产业结构税收调控法治化的前提。法治立场的确立，并非自然而然的，需要进行一场认识论的观念革新。长期以来，法学者主要从公平出发，立足于法律形式主义立场，进行法律推理、法律解释等问题研究，因而存在“经济盲”的现象；经济学者则主要从效率出发，立足于实质主义立场，研究资源配置、产业演变等规律等问题，因而不少是“法律盲”。产业结构的税收调控长期以来处于行政主导的模式下，导致产业结构调整、产业政策、税收调控等问题远离法学者的视线，主要是经济学的研究领域。随着我国改革

开放的纵深发展和法治进程的全面推进，近年来，有法学者开始拓展研究领域，进入经济等相关专业领域，剖析相关的法律问题，许多经济学者则立足于自由竞争的立场，关注法治、权利等问题。从根本上讲，经济、政治、法律三大领域的一体性，决定了学科的沟通融贯性，沟通理性应该在不同的学科之间展开。当前，法学界对产业政策法治化与税收调控法治化的研究，经济学界对产业政策、税收调控的体系化、机制化、制度化、法治化的阐述，[①] 表明法治立场的基本共识已经达成。

产业结构税收调控法治立场的确立，并非学术界的主观表达，而是由产业结构税收调控的内在机理决定的。在市场经济条件下，市场在资源配置中起决定性作用，本质上就是要确立自由竞争市场的先决、主体地位，以及只有在市场失灵的情况下政府才可运用产业政策、税收调控等政策手段进行宏观调控的派生、附属地位。应该注意到，在市场竞争基础上的自由、正义具有宪法地位，产业政策、税收调控等国家宏观调控权力必须置于宪法下，依据法律行使，以避免侵害宪法所保障的自由正义秩序。特别是产业结构税收调控的内在机理，决定了不当调控对自由竞争市场可能造成双重叠加损害，因此必须立足于法治的立场，实现产业结构税收调控的法治化，才能有效规范产业结构税收调控权力的行使，防止侵害自由市场竞争。不当产业结构税收调控的第一重侵害，是不当产业结构政策对自由竞争造成的侵害。之所以推进产业政策的法治化，目的在于制定正确的、有效的产业政策，防止不当产业政策对自由公平竞争造成侵害。其实，产业结构政策因其自身规定性对市场自由竞争必然产生一定的影响。推行产业结构政策，必然对产业进行分类以区别对待，这会造成不同产业的市场主体在市场竞争中受到不同的对待。目录管理是我国产业政策的中心环节。我国通过对列入《产业结构调整指导目录》中的投资项目进行分类管理的方式来推行产业结构政策。产业结构调整指导目录将各类投资项目划分为鼓励类、限制类、淘汰类，分别给予不同的审批、信贷、税收等方面的待遇。因此，产业结构政策必然带来不同产业的市场主体之间的不平等竞争，因此，必须正确

---

① 有经济学者明确提出“税收调控手段的法治化”。参见岳树民．税收调控问题的思考与认识［J］．税务研究，2014（2）。

处理好产业结构政策与竞争政策的关系问题。不当产业结构税收调控的第二重侵害，是不当税收调控在产业结构政策基础上对自由竞争所造成的侵害。不同产业的市场主体除了因产业结构政策在计划、审批、信贷等方面遭遇不同的待遇外，还会因税收结构政策受到税收方面的叠加区别对待。税收结构政策主要通过调整不同利益主体之间的分配关系，着重解决社会经济运行中有关资源配置和收入分配问题。在具体应用上主要体现为对不同纳税人的因人而异、区别对待，这种区别对待可以是针对不同行业、不同产品、不同行为或不同收入水平，以确定高低不同的税负，从而起到调节经济结构、调节收入分配的作用。不当的税收调控，无疑损害公平竞争，破坏市场秩序，应予以禁止。税收调控的法治化，是公平自由竞争对税制改革的必然要求。相对于不当产业结构政策对自由公平竞争造成的侵害，不当税收调控的叠加侵害具有直接性、持续性、经常性的特点，因而对市场主体的侵害和影响也是最直接、最显著的。① 不当产业结构税收调控对自由公平竞争造成的双重叠加侵害，是确立产业结构税收调控的法治立场的内在根据。

（二）产业结构税收调控应落实调控法定原则

落实调控法定原则，就是要求产业结构税收调控须遵循法律保留原则，即产业结构税收调控事项只能制定法律，具体的产业结构税收调控行为须基于法律的授权才能行使。法定原则是形式法治原则的具体要求，是实质法治原则的前置性条件。产业政策、税收调控都是我国频繁大量采用的经济治理手段。基于产业结构税收调控的双重叠加性，不当产业结构税收调控对自由公平竞争的影响、侵害是显著、直接、大量、频繁的，产业结构税收调控的法治化是必然的。

税收调控落实调控法定原则，在《立法法》中有明确的法律依据。根据《立法法》第 11 条第 6 项，“税种的设立、税率的确定和税收征收管理等税收基本制度”只能制定法律。有学者进一步阐述税收调控

---

① 运用总量性经济变量手段直接作用于宏观经济总量、间接作用于各社会经济主体的再生产各环节与活动。宏观调控措施的直接作用对象主要是诸如货币供应量、外贸收支、就业率、社会商品服务总供给与总需求等各种经济总量。参见徐澜波．我国宏观调控权配置论辨正——兼论法观调控手段体系的规范化［J］．法学，2014（5）：48.

也应该遵循税收法定原则。学界对《立法法》第 11 条第 6 项进行了目的性扩张，意图把“落实税收法定原则”扩展到税收调控领域，以落实税收调控的法定原则，进而实现税收调控的法治化。换句话说，税收调控法定原则的落实，以及税收调控法治化的推进，是通过落实税收法定原则的路径来实现的。然而，税收法定原则有其特定的本体意涵，构成了税法独立的建制性原则，其规范效力是否扩展到属于经济法的经济调控税法，并非没有疑义。问题是，税收调控应该落实的法定原则，是否就是税收法定原则？税收调控的法定化要求与税收法定原则的本质要求是否一致？然而，税收调控是我国宏观调控体系的重要组成部分，目的在于克服市场失灵，实现市场竞争和效率，而落实调控法定原则是保障税收调控的基本手段。因此，有学者指出：“法律保留税收优惠政策制定权的实质是税权（特别是税收立法权）集中在中央。”① 只有税收调控权力集中在中央政府，税收调控才能发挥其克服市场失灵、弥补市场缺陷的作用。税收调控权力怎样才能集中在中央政府？落实调控法定原则是必然选择。税收调控要落实调控法定原则，是为了把产业结构税收调控权力集中在中央政府，以保障产业结构税收调控的有效运行；落实税收法定原则，本质上是“征税必须得到被征收者的同意”。由于二者存在的目的和本质要求不同，税收调控要落实调控法定原则，不能简单照搬税收法定原则的规范要求。例如，根据税收法定原则，地方可以而且应该享有一定的税收立法权，这与税收法定原则并不矛盾，但是税收调控要落实调控法定原则，则会排斥税收调控的地方立法权。由此可见，将《立法法》中对税收法定原则的规定，直接拿来作为税收调控落实法定原则的法律根据，已经“溢出”了该规定的意义范围，存在一定程度上的误读。因此，税收调控要落实调控法定原则，在《立法法》中并不具有直接的法律依据。

《宪法》第 15 条规定：“国家实行社会主义市场经济。国家加强经济立法，完善宏观调控。国家依法禁止任何组织或者个人扰乱社会经济秩序。”产业结构税收调控当然是国家宏观调控的组成部分，是国家经

---

① 叶珊．税收优惠政策制定权的法律保留［J］．税务研究，2014（3）：59.

济立法的重要内容。产业结构税收调控落实调控法定原则，是宪法的规范要求。改革开放以来，产业结构税收调控作为国家干预经济的重要手段，在宏观调控中得到频繁、大量运用，然而，产业结构税收调控的立法却相对滞后，影响了产业结构税收调控的有效性。产业结构税收调控要落实调控法定原则，比较可行的路径应该是“两条腿走路”，即产业政策的法定化和税收调控的法定化，二者相互渗透、提供支撑。就产业政策的法定化而言，有学者提出，产业政策法律体系可以由产业政策基本法和产业政策部门法组成。产业政策基本法应该以一般性法律规则为主体，致力于产业政策实体规则和程序性制度及救济制度的设计，而不应涉及具体产业的扶持或者限制。具体产业的制度安排要体现在产业政策的部门立法之中。按照法定原则，只有先通过部门立法，才可以依据部门法规定对特定的产业进行扶持或者限制。就税收调控的法定化来说，我国需要针对当前名目繁多的税收优惠政策和不规范的减免税政策，进行一次大规模的、系统的税收优惠法律政策梳理，在此基础上进行一次法律编纂，出台一部专门的税收优惠法或税收优惠条例。具体到产业结构税收调控的法定化，一方面，在产业政策基本法中，应明确可以采取的包括税收、计划、信贷等在内的各种调控手段，以明确税收调控在产业政策基本法中的合法地位；另一方面，在税收优惠法中，应明确包括产业结构优化等在内的适用税收调控的条件、目的，以确立税收调控的实质合法性基础。

产业结构税收调控落实调控法定原则，除了基于产业结构税收调控对自由公平竞争可能造成的重大影响或者侵害的原因外，还有产业结构税收调控有效性、便利性的考虑。要保证产业结构税收调控的有效性、便利性，必须明确产业结构税收调控的决策权集中在中央政府。决策权的核心是立法权，便自然得出落实调控法定原则的结论。实施宏观调控，不能是地方事权，而只能是中央事权。虽然宏观调控同微观市场主体的活动和利益相关，但它是一种中央级次的公共物品，只能由中央政府来提供。产业结构税收调控属于宏观调控的组成部分，因此，也应遵从决策权集中在中央的原则。由于产业结构税收调控具有灵活性、专业性，以及相机抉择等特点，在保证决策权集中在中央政府的前提下，产业结构税收调控落实调控法定原则并不排斥授权立法。产业结构税收调控的目标、原则、实施手段、条件、限度等基本内容应该规定为法律，可以通过特别授权或者法条授权的方式授权国务院或国务院组成部门在一定权限范围内实施产业结构税收调控。例如，《企业所得税法》第35条规定："本法规定的税收优惠的具体办法，由国务院规定。"

（三）产业结构税收调控规范归属于经济法

法定原则是法治原则的具体化，是公权力存在、运行的基本依据。国家进行产业结构税收调控除了要符合调控法定的形式法治原则，还须遵循相应的实质法治原则。按照体系解释的方法，只要确定了相关规范所属的法律部门，就可以把所归属的法律部门的原则作为其基本原则。产业结构税收调控规范属于经济法，因此，应该把经济法的基本原则运用到产业结构税收调控上来，并构建产业结构税收调控规范体系。

二、产业结构税收调控的法治化构建

产业结构税收调控是我国宏观调控的重要组成部分，产业结构税收调控规范归属于宏观调控法。宏观调控法作为经济法的主体内容，归属于经济法并受经济法基本原则的规范。因此，要构建法治化的产业结构税收调控规范体系，既要遵循经济法的基本原则，又要符合宏观调控法的基本要求。

（一）产业结构税收调控应符合经济法基本原则

经济法作为社会主义法律体系中的重要法律部门，并没有相应的成文法典。因此，经济法的基本原则无法像民法、刑法等法律部门一样，在成文法典的总则部分被规定、呈现出来。但是，经济法作为一个独立的法律部门，其基本原则是必定存在的。那么，经济法的基本原则如何证立？法学界似乎忽略了这样一个问题，而是将经济法的基本原则的存在视为不证自明的，所需要做的就是从经济法的本质、理念、调整对象等特质中推导出基本原则的内容。于是，经济法的基本原则到底是什么，包括哪些内容，几乎成了一个见仁见智、众说纷纭的问题，自说自话，颇为混乱。比较有代表性的观点有：经济法基本原则的基本内容是维护和促进社会经济总体效率和社会公平；[①] 经济法基本原则表现为经济法主体利益协调原则和国家协调本国经济运行法定原则；[②] 经济法基本原则包括三个方面，即平衡协调原则、维护公平竞争原则和责权利相统一原则；[③] 我国经济法基本原则有七个，即促进和保障社会主义市场经济健康发展原则，促进和保障以社会主义公有制为主体的多种经济成分共同发展原则，遵循客观规律原则，实行经济民主原则，促进和保障社会主义公平竞争原则，兼顾国家、集体和个人利益原则，经济效益和社会效益相结合原则。[④] 面对如此纷繁多样的基本原则，有学者提出对经济法的基本原则进行提炼，改变混乱状态，以便形成共识。有学者指出，"适当干预"原则和"社会本位"原则是经济法基本原则体系中的共识性原则。[⑤] 有学者将经济法的基本原则提炼为调制法定原则、调制适度原则和调制绩效原则。[⑥] 还有学者将经济法基本原则提炼为合法干预原则、合理干预原则和实质公平原则。[⑦] 经济法基本原则的提炼，也是一家之言，无法形成明确、统一、有效的经济法基本原则的表达。

对具有法律效力的经济法的基本原则，学界认识竟然如此混乱、不统一。这不仅影响了经济法的科学化、法治化，而且严重制约了经济法基本原则的规范效力的发挥。事实上，法律原则作为法的要素，其规范效力只能来源于法本身，也就是说，要么源于法律的直接规定，要么是从宪法、法律规范中推导出来的。要从现行法律体系中推导出经济法的基本原则，首先要从宪法出发。[⑧] 根据国务院新闻办公室 2011 年 10 月 27 日发布的《中国特色社会主义法律体系》白皮书，"经济法是调整国

---

① 漆多俊主编．经济法学（第 2 版）［M］．上海：复旦大学出版社，2015：64.

② 杨紫烜．国家协调论［M］．北京：北京大学出版社，2009：361－362.

③ 史际春，邓峰．经济法总论［M］．北京：法律出版社，2008：157－164. 潘静成，刘文华．经济法［M］．北京：中国人民大学出版社，2008：65－68. 刘文华主编．经济法（第四版）［M］．北京：中国人民大学出版社，2012：53－56.

④ 李昌麒．经济法学［M］．北京：法律出版社，2007：76－84.

⑤ 蒋悟真，詹国旗．现代经济法基本原则的梳理与提炼［J］．江西财经大学学报，2010（4）：105.

⑥ 张守文．经济法原理［M］．北京：北京大学出版社，2013：70－72.

⑦ 杨三正．经济法基本原则的提炼［J］．西北师大学报（社会科学版），2012（2）：66.

⑧ 德国学者里特勒认为，经济法的基本原则体现在《魏玛宪法》第 151 条，即人类生活秩序必须符合旨在保障人类尊严生存的正义原则。

家从社会整体利益出发，对经济活动实行干预、管理或者调控所产生的社会经济关系的法律规范。经济法为国家对市场经济进行适度干预和宏观调控提供法律手段和制度框架，防止市场经济的自发性和盲目性所导致的弊端”。与民法划定禁止公权力侵入的民事自治领域以实现法治不同，经济法直接面对、调整国家与市场的基本关系，明确国家干预市场的根据、限度等，因此，经济立法属于典型的宪法与宪制问题。在德国，作为宏观调控法的《经济稳定法》赢得了“经济基本法”的美誉。因此，宪法必须对经济法所规范的国家和市场的关系做出基本规定，为经济法的合法性提供宪法基础。因此，经济法的基本原则必然存在其宪法根基，宪法正是通过经济法基本原则的“通道”对经济法实现规范效力的。在德国学者眼中，经济法涵盖了经济私法、经济公法和经济刑法三大内容。其中，经济公法包括经济宪法、经济行政法和竞争公法三大体系。经济私法主要是民商法研究的对象，经济法学者所研究的经济法主要局限于经济公法。经济公法由宪法和行政法两大部分组成，因此经济公法学可以分为经济宪法学与经济行政法学两大领域。[①] 经济宪法学的重要意义在于，它把宪法纳入经济法，明确了宪法在经济法体系中的最高地位和规范效力，将宪法的价值、原则贯通于整个经济法体系。需要注意的是，宪法之于经济法的规范效力既是整体性的，又具有针对性。宪法效力的整体性表现在，宪法作为整体，融贯性地发挥规范效力，其价值、原则和所有规范都必须贯通整个经济法体系，而不仅仅是宪法中的经济内容对经济法才具有约束力；宪法效力的针对性表现在，宪法中具有经济内容的原则、规则直接界定国家与市场的关系，对经济法具有直接的规范效力。因此，必须从宪法的价值、原则和规范入手，才能将经济法的基本原则归纳、提炼、推导出来。与此同时，反不正当竞争法、反垄断法等市场规制法律，以及预算法、价格法、中国人民银行法等宏观调控法律，都制定了相应的成文法律，都规定了明确的立法目的、原则等。这些抽象的原则性规定往往是法律原则的直接成文表达。这些原则性规定尽管只适用于某一部具体的法律，但是，作为经济

① 吴越．经济宪法学导论——转型中国经济权利与权力之博弈［M］．北京：法律出版社，2007：114.

法体系的组成部分，必然体现了经济法的基本原则，甚至是经济法基本原则的直接表述。因此，诉诸经济法具体成文法律中的立法目的、原则，可以证明、归纳、提炼经济法的基本原则。

1. 经济自由原则

经济法的基本原则上连宪法，下接经济法各部门：一方面应该从宪法中推导出来，另一方面可以从经济法各部门中证明其规范效力的存在。按照广义的经济宪法的概念，“宪法中的经济规范以及直接依据宪法经济规范而制定的与经济制度以及政府、个人的经济活动直接相关的具有基础性和全局性地位的法律规范的总和”①，应该是经济法基本原则的直接根据。经济宪法学的具体内容包括经济权利宪法学、经济制度宪法学、经济可持续发展宪法学以及经济秩序宪法学。其中，个体的经济权利宪法学居于核心地位，它制约着宪法对经济制度的选择，又制约着基本经济秩序和可持续发展宪法学。② 这是因为，市场经济本质上是一种主体经济，要建立和发展市场经济必须首先确立人的主体地位。人的主体地位在经济宪法中的表达就是个体的经济权利及其核心地位。《宪法》第33条规定的平等权、第34条规定的选举权与被选举权、第35条中的结社权、第41条规定的监督权、第44条规定的退休制度、第45条的社会救济权等，构筑了一个包括职业自由权、营业自由权、（经济）迁徙自由权、（经济）结社自由权、经济平等权在内的个体经济权利体系。③ 自由是人的主体地位的根基，经济自由是人的主体地位在经济生活中的体现，是个体经济权利的核心。经济制度、产业政策、税收调控等，其合宪性应以个体经济权利的尊重和保障为标准；经济法学的研究也应该基于个体经济自由的立场和方法，应该是保障个体经济自由之法学。保障个体经济自由对经济立法的具体要求或者体现是什么？应该是保护经营者、消费者的合法权益，以及维护市场在资源配置中的决

① 吴越．经济宪法学导论——转型中国经济权利与权力之博弈［M］．北京：法律出版社，2007：14.

② 吴越．经济宪法学导论——转型中国经济权利与权力之博弈［M］．北京：法律出版社，2007：28.

③ 吴越．经济宪法学导论——转型中国经济权利与权力之博弈［M］．北京：法律出版社，2007：130－158.

定性作用，等等。我国在一系列具体的经济立法中，都体现了维护市场在资源配置中的基础性甚至决定性的地位，以及保护经营者、消费者合法权益的宗旨。另外，国有企业、集体经济组织的经营自主权，作为个体经济自由的延伸，《宪法》第 16 条、第 17 条都做出了明确规定。因此，从宪法的规范效力出发，必然推导出经济自由原则应为我国经济法的基本原则，且为首要原则。

2. *社会本位原则*

自由权是人权的核心、根基。个体经济自由是人权在经济领域的展开和实现，应为一切经济立法的逻辑基点。《宪法》第6 条至第18 条规定了我国的基本经济制度，其逻辑基点也应该是个体的经济自由乃至宪法规定的“公民的基本权利”。《宪法》第 15 条规定“国家实行社会主义市场经济”，表明我国实行的是社会主义制度条件下的市场经济，社会主义制度决定了我国的经济法与西方国家的经济法的根本不同，也决定了经济法基本原则的推导、证立。社会主义实行公有制、计划经济以及按劳分配，是对社会国家逻辑的进一步延伸，是最彻底、最高级的社会国家形态。改革开放以来，我国逐步明确了在社会主义初级阶段，坚持公有制为主体、多种所有制经济共同发展的基本经济制度，坚持按劳分配为主体、多种分配方式并存的分配制度，放弃了计划经济体制，实行社会主义市场经济。因此，社会主义初级阶段实际上是处于社会国家和社会主义之间的过渡阶段。有学者指出，责权利效相统一原则，“在社会主义市场经济或以公有制为主导的市场经济条件下，这是作为经济法灵魂的一项根本性的原则”，是“社会主义经济法及中国经济法的一项特色”,① 应“以此为基点而确立我国的现代经济法治”。② 但是，在社会主义初级阶段多种经济成分并存的背景下，能否把仅适用于公有制的责权利效相统一原则作为整个经济法的基本原则，必须进行综合分析，不能简单地以偏概全。一个基本事实是，社会主义是社会国家逻辑的进一步延伸，在我国要经历社会主义初级阶段，社会主义初级阶段的

---

① 刘文华主编．经济法（第四版）［M］．北京：中国人民大学出版社，2012：55.

② 史际春，邓峰著．经济法总论（第二版）［M］．北京：法律出版社，2008：162.

经济法的基本原则不能是完全社会主义形态下的经济法的基本原则。公有制及其所要求的责权利效相统一原则，正是因为能够克服私有制的局限、市场失灵的缺陷，有助于实现社会总体经济利益，遵循了社会本位原则，才具有了合法性。有学者指出："社会本位原则是经济法的基石"。[①] 社会本位原则在竞争法、宏观调控法等具体经济立法中的体现是什么？《反垄断法》第1条基本概括了社会本位原则的具体要求，即"保护市场公平竞争，提高经济运行效率，维护消费者利益和社会公共利益，促进社会主义市场经济健康发展"；另外，可持续发展被规定在具体经济立法中，也是社会本位原则的具体要求。法学界对经济法基本原则之所以认识不一，一个重要原因就是把社会本位原则的具体要求当作经济法的基本原则，诸如维护公平竞争、资源优化配置、促进和保障社会主义市场经济健康发展、促进和保障以社会主义公有制为主体的多种经济成分共同发展、遵循客观规律、经济民主，[②] 以及可持续发展、保护弱者、国情原则，等等，以至于经济法基本原则的"清单"长短不一，莫衷一是。事实上，上述要求都是从社会本位原则派生出来的，是社会利益的具体体现，本质上都是对个体经济自由进行限制的实质理由。社会本位原则的要义在于，为维护社会利益，国家基于公共权力可以对个体自由进行限制。因此，经济自由是经济法的根基原则，社会本位则是经济法的本体原则。

3. 经济法治原则

《宪法》第5条第1款规定："中华人民共和国实行依法治国，建设社会主义法治国家。"国家与市场的关系不仅仅是宪法和宪制问题，而且是法律和法治问题。经济法领域落实经济法治原则，是宪法所确立的法治原则的必然要求。根据国务院新闻办公室2011年10月发布的《中国特色社会主义法律体系》白皮书，"截至2011年8月底，中国已制定经济法方面的法律60部和一大批相关行政法规、地方性法规。中国制定了预算法、价格法、中国人民银行法等法律，对经济活动实施宏

① 王先林主编．经济法教程［M］．上海：上海交通大学出版社，2013：45.

② 李昌麒．经济法学［M］．北京：法律出版社，2007：76－84.

观调控和管理；制定了企业所得税法、个人所得税法、车船税法、税收征收管理法等法律，以及增值税暂行条例、营业税暂行条例、城市维护建设税暂行条例等行政法规，不断健全税收制度；制定了银行业监督管理法、反洗钱法等法律，对金融行业的安全运行实施监督管理；制定了农业法、种子法、农产品质量安全法等法律，保障农业发展和国家粮食安全；制定了铁路法、公路法、民用航空法、电力法等法律，对重要行业实施监督管理和产业促进；制定了土地管理法、森林法、水法、矿产资源法等法律，规范重要自然资源的合理开发和利用；制定了节约能源法、可再生能源法、循环经济促进法、清洁生产促进法等法律，促进能源的有效利用和可再生能源开发”。经过多年努力，我国已经基本确立了经济法的体系框架，为实现经济法治奠定了基础。

4. 比例原则

比例原则素有公法“帝王条款”之誉，它包括三项子原则：手段符合目的的妥当性原则、手段所造成的损害最小的必要性原则和手段对个人的损害与产出的社会利益相均衡的原则。比例原则已经超越行政法领域，渗入公法的各个领域并演绎成整个法律体系普遍适用的准则，已经成为现代法治社会的普遍性且具有根本性的指导原则。比例原则存在和发展的合理性根据在于，契合实质意义的依法治国理念和体现了立宪国家公权力的配置及其运行规律的客观要求，其内在精神始终追求对人的尊严及其权利的终极性关怀。因此，尽管《宪法》对比例原则没有做出直接、明确的规定，但并不意味着比例原则在宪法中不存在，因为通过诉诸宪法解释，完全可以推导出来。具体而言，《宪法》第 5 条第 1 款即“法治国家条款”、第 33 条第 2 款即“法律面前一律平等”条款、第 33 条第 3 款即“国家尊重和保障人权”条款，以及“公民的基本权利”整章规定，关于国家权力分工制约的条款，等等，完全可以把比例原则推导出来，因此，比例原则是具有法律效力的宪法规范。法学界在界定经济法基本原则时，大多论及适度干预原则。适度干预是指国家在经济自主和国家统治的边界或者临界点上所表现出的一种介入状态。适度干预必须以市场为基础，以保护竞争为目的，手段应当逐步走向法治化，应当遵循法定程序，干预的范围必须法定。[①] 国家行使调控和规制权力必须符合规律，符合客观实际，要兼顾调控和规制的需要与可能，保障各类主体的基本权利。调控适度，要求调控权的行使、调控手段的选择、调控性规范的周期变易等，都要适度。规制适度，更强调对市场主体的权利保护以及各类主体之间的利益平衡。适度干预原则作为经济法的基本原则，具有广泛的共识，但是，这只是经济法基本原则的经济性，而不是法言法语。从法学的角度看，应该“置换”成比例原则。

长期以来，学界对经济法基本原则的阐述给人一种“法味”较淡的感觉，大多使用经济术语来表示，比如尊重市场、适度干预、维护公平竞争等。究其原因，主要在于经济法的基本原则是不是从宪法、法律中推导出来的。因此，将经济法的基本原则确定为经济自由原则、社会本位原则、经济法治原则和比例原则，突出了其应有的规范性。产业结构税收调控作为经济法的重要组成部分，应当符合经济法基本原则的要求。

（二）产业结构税收调控应遵循宏观调控法基本原则

宏观调控法是经济法的重要组成部分，经济法的基本原则适用于宏观调控法。法学界在界定宏观调控法的基本原则时，主要做法是将经济法的基本原则具体落实到宏观调控法领域，而没有专门概括出宏观调控法的特有原则。一般来说，将经济自由原则、社会本位原则、经济法治原则和比例原则等落实到宏观调控法领域，便成了尊重市场原则、社会利益原则、调控法定原则、调控适度原则等。但是，宏观调控法的基本原则应该是仅适用于宏观调控法领域的特有原则，而不是适用于整个经济法领域的普遍原则，因此，经济法的基本原则不宜直接拿来作为宏观调控法的基本原则。另外，确立宏观调控法的基本原则，必须因应宏观调控的目标、本质、特征等规律要素，但这些规律性的要素本身不能成为基本原则。因此，必须从宏观调控法律中概括、归纳出宏观调控法特

① 李昌麒主编，吕忠梅，黄河，卢代富副主编．经济法学（第三版）［M］．北京：中国政法大学出版社，2007：54.

有的基本原则。

1. 直接调控禁止原则

宏观调控法的本质在于规范宏观调控权的配置和行使。只有以宏观调控手段及其工具作为配置宏观调控权的依据，才能对该权力的内容、范围、边界予以明确规范与制衡。符合宏观调控自然本质特性的宏观调控手段，服务于宏观经济协调发展的目标与宗旨，符合调节宏观经济的有效性，运用总量性经济变量手段直接作用于宏观经济总量、间接作用于各社会经济主体的再生产各环节与活动。[①] 因此，从总体上看，宏观调控手段运用于宏观调控对宏观经济运行的效果是间接性的，即宏观调控措施的直接作用对象主要是货币供应量、外贸收支、就业率、社会商品服务总供给与总需求等各种经济总量。[②] 因此，间接调控构成了宏观调控的本质属性。国家实施经济计划、财政政策、货币政策、产业政策、区域政策、收入分配政策等宏观调控行为，间接影响市场主体的经济活动，使市场主体因应宏观调控行为，从而矫正市场的自发性、盲目性和滞后性等缺陷，以克服市场失灵。但是，间接调控作为宏观调控的本质特征，是否能够直接拿来作为宏观调控法的基本原则？法律原则是对立法、司法、行政具有法律拘束力的规范，特别是在具体的执法、司法实践中，对法律规则的适用必须做符合法律原则的解释。因此，法律原则必须有明确的规范性，要么来自宪法、法律的明确规定，要么从宪法、法律中推导出来。间接调控作为宏观调控的本质属性，并不能体现出法律原则应有的规范性。明确宏观调控的间接调控本质的主要意义在于，可以帮助划定宏观调控法的范围，也就是说，不具有间接调控性质的干预手段不属于宏观调控，从而把直接调控性质的干预手段排除出去，通过明确宏观调控法的规范对象即宏观调控的范围，以划定宏观调控法的范围。学界把间接调控作为宏观调控法的基本原则，表明国家实施宏观调控应当采用间接调控，而不能运用直接调控的规范目的。因此，基于宏观调控法的规范目的在于规范国家宏观调控权的配置、运

① 徐澜波．我国宏观调控权配置论辨正——兼论宏观调控手段体系的规范化［J］．法学，2014（5）：48.

② 漆多俊．经济法基础理论．北京：法律出版社，2008：245.

行，为保障宏观调控的间接调控本质，应把直接调控禁止原则规定为宏观调控法的基本原则。

2. 调控决策权集中原则

要实现促进经济增长、增加就业、稳定物价以及保持国际收支平衡等调控目标，宏观调控必须从全局出发，针对整个市场运行情况，对有关经济全局的和根本性的问题做出安排，因此，宏观调控是国家站在全社会的总体立场上对宏观的经济运行所实施的调节和控制。实施宏观调控的主体，不能是地方政府，而只能是中央政府。也就是说，尽管宏观调控同微观市场主体的活动和利益相关，但它是一种中央级次的公共物品，只能由国家来提供。[①] 在我国，财政政策、货币政策作为最典型的宏观调控手段，其决策权完全集中在中央政府。只有宏观调控的决策权集中在中央政府，计划、税收、财政、货币等各种宏观调控手段之间才有可能相互协调、相互配合，才能实现功能互补和组合效应。

3. 一致行动原则

要实现宏观调控目标，除宏观调控的决策权力集中在中央政府外，还应该确立一致行动准则。有学者认为，“一致行动原则”是宏观调控法的最根本原则。德国的《经济稳定法》以法律的形式确立了宏观调控的一致行动原则，要求联邦政府在决定采取宏观调控措施时，各部门以及各级政府都应当在法律规定的职责范围之内采取一致的宏观调控行动，禁止各当事方规避宏观调控措施甚至采取逆向行动。从宏观调控所涉及的当事方来看，宏观调控的一致行动原则又包括横向的一致行动原则和纵向的一致行动原则。横向的一致行动原则是指各级政府的各个职能部门，尤其是财政与公共投资、金融、税收、国土与资源、物价等关键职能部门之间应采取协调一致的行动，不得出于本部门利益而规避宏观调控措施或者采取逆向行动。纵向的一致行动原则是指下级政府都应采取与中央政府协调一致的行动，不得出于本地利益规避宏观调控措施甚至采取逆向行动。

---

① 张守文．宏观调控权的法律解析［J］．北京大学学报（哲学社会科学版），2001（3）：126.

参考文献

著作

［1］ Albert Breton. *Competitive Governments* ［M］. Cambridge：Cambridge University Press，1996.

［2］ Brennan，Geoffrey，James M. Buchanan. *The power to tax——The analytical foundations of a fiscal constitution* ［M］. Cambridge：Cambridge University Press，1980.

［3］ 华莱士·E. 奥茨．财政联邦主义［M］．陆符嘉译．北京：译林出版社，2012.

［4］ 戴维·M. 沃克．牛津法律大辞典［Z］．邓正来等译．北京：光明日报出版社，1988.

［5］ 北野弘久．税法学原论（第四版）［M］．陈刚，杨建广等译．北京：中国检察出版社，2001.

［6］ 许善达．国家税收（第三版）［M］．北京：中国税务出版社，2007.

［7］ 许善达等．中国税权研究［M］．北京：中国税务出版社，2003.

［8］ 钱颖一．现代经济学与中国经济改革［M］．北京：中信出版集团股份有限公司，2018.

［9］ 刘剑文等．中央与地方财政分权法律问题研究［M］．北京：人民出版社，2009.

［10］ 刘剑文．财税法学前沿问题研究：事权与支出责任的法治化研究［N］．北京：法律出版社，2018.

［11］ 刘剑文．财税法学［M］．北京：高等教育出版社，2021.

［12］张守文．财税法［M］．北京：中国政法大学出版社，2005.

［13］张守文．经济法理论的重构［M］．北京：人民出版社，2004.

［14］熊伟．财政法基本问题［M］．北京：北京大学出版社，2012.

［15］漆多俊．经济法学（第2版）［M］．上海：复旦大学出版社，2015.

［16］樊丽明．税收调控研究［M］．北京：经济科学出版社，2000.

［17］贾康．深化财税体制改革的战略取向与要领［M］．广州：广东经济出版社，2017.

［18］刘文仕．地方制度法释义［M］．台北：台湾五南出版公司，2018.

［19］高琳．分税制、地方财政自主权和经济发展绩效研究［M］．上海：上海人民出版社，2016.

［20］刘文华主编．经济法（第四版）［M］．北京：中国人民大学出版社，2012.

［21］张青，林颖，魏涛．中国税权划分改革研究［M］．北京：经济科学出版社，2013.

［22］姜孟亚．我国地方税权的确立及其运行机制研究［M］．北京：中国人民大学出版社，2013.

［23］李旭东．辅助性原则研究［M］．广州：华南理工大学出版社，2021.

［24］吴越．经济宪法学导论——转型中国经济权利与权力之博弈［M］．北京：法律出版社，2007.

论文

［25］Richard A. Musgrave. Who Should Tax, Where and What?［A］. In Mclure, C. E. eds. Tax Assignment in Federal Countries. Canberra: Centre for Research on Federal Financial Relations［C］. Australian National University, 1983: 201 -219.

［26］Charles E. McLure Jr. The Tax Assignment Problem: Conceptual and Administrative Considerations in Achieving Subnational Fiscal Autonomy

[*R*]. *World Bank*, 1999.

[27] Charles E. McLure Jr. The Tax Assignment Problem: Ends, Means, and Constraints [J]. *Australian Tax Forum*, 1994, 11 (2).

[28] Wallace E. Oates. Taxation in a Federal System: The Tax-assignment Problem [J]. *Public Economics Review*, 1996 (1).

[29] Wallace E. Oates. Toward A Second-Generation Theory of Fiscal Federalism [J]. *International Tax and Public Finance*, 2005 (12).

[30] Richard M. Bird. Subnational Taxation in Developing Countries: A Review of the Literature [J]. *Journal of International Commerce, Economics and Policy*, 2011, 2 (1).

[31] QianYingyi, Gerard Roland. The soft budget constraint in China [J]. *Japan and the World Economy*, 1996, 8 (2).

[32] Paolo Liberati. "Which Tax" or "Which Tax for What?": Tax Assignment in the Theory of Fiscal Federalism [J]. *Public Finance Review*, 2011, 39 (3).

[33] L. R. De Mello. Fiscal Decentralization and Intergovernmental Fiscal Relations: A Cross-Country Analysis [J]. *World Development*, 2000, 28 (2).

[34] Robert K. Vischer. Subsidiarity as a Principle of Governance: Beyond Devolution [J]. *Indiana Law Review*, 2001, 35 (1).

[35] Matt Glasser. Municipal Bonds in Three Countries: India, South Africa and the United States [J]. *Journal of Comparative Urban Law and Policy*, 2020 (4).

[36] 华莱士·E. 奥茨. 财政联邦制述评 [J]. 刘承礼译. 经济社会体制比较，2011 (5).

[37] 王浦劬. 中央与地方事权划分的国别经验及其启示——基于六个国家经验的分析 [J]. 政治学研究，2016 (5).

[38] 苏力. 当代中国的中央与地方分权——重读毛泽东〈论十大关系〉第五节 [J]. 中国社会科学，2004 (2).

[39] 葛克昌. 补充性原则与地方课税权 [M]. 刘剑文主编. 财税

法学前沿问题研究：事权与支出责任的法治化研究．北京：法律出版社，2018.

［40］刘剑文．地方税立法的纵向授权机制设计［J］．北京大学学报（哲学社会科学版），2016（5）．

［41］刘剑文，耿颖．税收授权立法权的合法行使：反思与建构［J］．国家行政学院学报，2015（5）．

［42］张守文．税权的定位与分配［J］．法商研究，2000（1）．

［43］张守文．债务风险与举债权的法律约束［J］．苏州大学学报（哲学社会科学版），2016（3）．

［44］张守文．宏观调控权的法律解析［J］．北京大学学报（哲学社会科学版），2001（3）．

［45］张千帆．流浪乞讨与管制——从贫困救助看中央与地方权限的界定［J］．法学研究，2004（3）．

［46］熊伟．论我国的税收授权立法制度［J］．税务研究，2013（6）．

［47］熊伟．税收法定原则与地方财政自主——关于地方税纵向授权立法的断想［J］．中国法律评论，2016（1）．

［48］熊伟，许恋天．地方政府专项债券：制度困境与路径选择［J］．上海经济研究，2022（4）．

［49］熊伟．地方债与国家治理：基于法治财政的分析径路［J］．法学评论，2014（2）．

［50］刘尚希．分税制的是与非［J］．经济参考研究，2012（7）．

［51］陈少英．可持续的地方税体系之构建——以税权配置为视角［J］．清华法学，2014（5）．

［52］贾康，苏京春．现阶段我国中央与地方事权划分改革研究［J］．财经问题研究，2016（10）．

［53］马海涛，任强，程岚．我国中央和地方财力分配的合意性：基于“事权”与“事责”角度的分析［J］．财政研究，2013（4）．

［54］马海涛．政府间事权与财力、财权划分的研究［J］．理论视野，2009（10）．

［55］汤贡亮，何杨，李俊英．借鉴 OECD 成员国经验，完善我国地方税税权划分［J］．涉外税务，2012（1）．

［56］李俊英，鲍晓敏．赋予地方税权的法治路径研究［J］．地方财政研究，2020（5）．

［57］李俊英．补充性原则下地方税的治理逻辑与构建路径［J］．税务研究，2021（10）．

［58］叶必丰．论地方事务［J］．行政法学研究，2018（1）．

［59］苗连营．税收法定视域中的地方税收立法权［J］．中国法学，2016（4）．

［60］周飞舟．从汲取型政权到“悬浮型”政权——税费改革对国家与农民关系之影响［J］．社会学研究，2006（3）．

［61］毛捷，刘潘，吕冰洋．地方公共债务增长的制度基础——兼顾财政和金融的视角［J］．中国社会科学，2019（9）．

［62］吕冰洋．地方税系的建设原则与方向［J］．财经智库，2018（2）．

［63］叶姗．税权集中的形成及其强化——考察近 20 年的税收规范性文件［J］．中外法学，2012（4）．

［64］谷成．现代国家治理视阈下的税收职能［J］．学术月刊，2017（8）．

［65］谷成，蒋守建．基于国家治理现代化的中国政府间税收划分［J］．华中师范大学学报（人文社会科学版），2017（1）．

［66］郑毅．建国以来中央与地方关系在宪法文本中的演变［J］．中国行政管理，2015（4）．

［67］郑毅．规范视野下的地方性事务［J］．中国法学，2022（5）．

［68］封丽霞．中央与地方立法事权划分的理念、标准与中国实践——兼析我国央地立法事权法治化的基本思路［J］．政治与法律，2017（6）．

［69］徐阳光．论建立事权与支出责任相适应的法律制度——理论基础与立法路径［J］．清华法学，2014（5）．

[70] 王建学．论地方政府事权的法理基础与宪法结构 [J]．中国法学，2017 (4)．

[71] 崔志坤，吴迪，经庭如．地方税的现实职能界定：完善地方税体系的一个前提考量 [J]．财政科学，2018 (10)．

[72] 马恩涛，任海平．党的十八大以来我国地方政府债务治理的新成就新经验 [J]．地方财政研究，2022 (11)．

[73] 毕金平．论我国法定外地方税立法权的证成与实践 [J]．法学论坛，2017 (6)．

[74] 靳继东．基于国家治理现代化的地方税体系论析 [J]．财政研究，2015 (3)．

[75] 李旭东．辅助性原则及其对中国央地关系法治化的意义 [J]．哈尔滨工业大学学报，2017 (5)．

[76] 刘莘，张迎涛．辅助性原则与中国行政体制改革 [J]．行政法学研究，2006 (4)．

[77] 黎江虹，沈斌．地方税收立法权的价值功能转向 [J]．法学，2019 (7)．

[78] 侯卓，黄家强．中国税权配置的内在逻辑与规范理路——控权论和授权论的融贯分析 [J]．中共中央党校（国家行政学院）学报，2020 (2)．

[79] 孙大光，冯兴元．财政联邦制理论反思及其对中国财政体制的应用 [J]．广东财经大学学报，2010 (1)．

[80] 杨晓萌．提升税收治理能力视角下的税权划分优化 [J]．税务研究，2018 (4)．

[81] 苏朋．中国地方税税权划分研究 [J]．涉外税收，2000 (5)．

[82] 刘丽．税权的宪政解读：概念重构抑或正本清源 [J]．湖南大学学报（社会科学版），2011 (6)．

[83] 张春宇．从税权角度谈优化中央与地方政府间税收关系 [J]．税务研究，2017 (3)．

[84] 李林木．在寻求效率与公平的平衡中深化我国税制改革

[J]. 税务研究，2012 (11).

[85] 刘蓉，周川力. 论我国税权纵向配置的优化 [J]. 税务研究，2019 (9).

[86] 冯杰. 分税制下中国税权配置的进路选择. 税务研究 [J]. 2018 (6).

[87] 王国清，吕伟. 事权、财权、财力的界定及相互关系 [J]. 财经科学，2000 (4).

[88] 李齐云，马万里. 中国式财政分权体制下政府间财力与事权匹配研究 [J]. 理论学刊，2012 (11).

[89] 王恩奉. 财力能否绕过财权直接与事权匹配值得商榷 [J]. 财政研究，2010 (6).

[90] 叶金育. 法定原则下地方税权的阐释与落实 [J]. 苏州大学学报（哲学社会科学版），2016 (5).

[91] 倪红日. 我国地方税体系建设面临的挑战及政策建议 [J]. 国际税收，2024 (2).

[92] 李庆霞. 中国特色财政联邦制：争议及反思 [J]. 财政研究，2011 (3).

[93] 陈少克，翁斌. 财税法视角下税权配置及其优化进路 [J]. 地方财政研究，2020 (7).

[94] 于树一，周俊铭. 我国政府间财政事权与支出责任划分：一个理论综述 [J]. 财政监督，2018 (5).

[95] 崔威. 税收立法高度集权模式的起源 [J]. 中外法学，2012 (4).

[96] 邹蓉. 税权划分完善与地方适度分权 [J]. 经济体制改革，2014 (4).

[97] 黄韬. 央地关系视角下我国地方债务的法治化变革 [J]. 法学，2015 (4).

[98] 冯俏彬. 地方政府专项债：问题与对策 [J]. 中国经济评论，2022 (11).

[99] 郭玉清，毛捷. 新中国70年地方政府债务治理：回顾与展望

[J]．财贸经济，2019（9）．

[100] 陈宝东，邓晓兰．财政分权、金融分权与地方政府债务增长[J]．财政研究，2017（5）．

[101] 郑祖昀，黄瑞玲．地方政府隐性债务问题研究：一个文献综述[J]．地方财政研究，2019（5）．

[102] 张婉苏．中央政府不救助地方政府债务的纠结、困惑与解决之道[J]．苏州大学学报（哲学社会科学版），2016（5）．

[103] 张学诞．地方税：地方治理的重要基础[J]．国际税收，2017（11）．

[104] 周世愚．地方政府债务风险：理论分析与经验事实[J]．管理世界，2021（10）．

[105] 岳红举．财政分权视角下地方政府债务责任追究制度的构建[J]．地方财政研究，2021（4）．

[106] 李华．地方税的内涵与我国地方税体系改革路径——兼与OECD国家的对比分析[J]．财政研究，2018（7）．

[107] 李安安．财政与金融法律界分视域下的地方债务治理[J]．政法论丛，2018（6）．

[108] 黄辉．中国金融监管体制改革的逻辑与路径：国际经验与本土选择[J]．法学家，2019（3）．

[109] 刘昊．新中国70年地方政府债务发展历程与治理经验[J]．经济体制改革，2019（4）．

[110] 吴俊培，陈曾，刘文璋．税制结构、参与式治理与国家治理现代化[J]．税务研究，2021（9）．

[111] 魏敬淼．我国地方政府债务的法律治理审思[J]．财政监督，2019（13）．

[112] 郑智新．地方政府债务与财政监督机制优化[J]．财政监督，2022（6）．

[113] 朱为群，缑长艳．税收法定原则与地方税收立法权[J]．财政科学，2016（12）．

[114] 张锋．论立法法中的授权立法[J]．国家检察官学院学报，

2000（3）.

［115］刘桂清．税收调控中落实税收法定原则的正当理由和法条授权立法路径新探［J］．税务研究，2015（3）.

［116］喻少如．论行政给付中的国家辅助性原则［J］．暨南学报，2010（6）.

［117］韩业斌．区域协同立法的合法性困境与出路——基于辅助性原则的视角分析［J］．法学，2021（2）.

［118］沈广明．分享经济的规制策略——以辅助性原则为基点［J］．当代法学，2018（3）.

［119］孙莹．以现代税收制度推动建设现代化产业体系［J］．税务研究，2024（4）.

后　记

本书是山东省社会科学规划研究项目“国家治理视域下地方税权制度重构问题研究”（项目批准号：21CFXJ13）的结题成果。作为项目主持人和主要参加者，我们特别感谢山东省哲学社会科学工作办公室和北京市兰台（青岛）律师事务所提供的资金支持，使我们能够专心学术研究。课题组成员张钦润、陈锋德等积极参与课题研究，为本书的撰写和出版做出了贡献。

我们一直从事财税法学、基层治理现代化等领域的教学和研究工作。近年来，特别对地方税权问题产生了较为浓厚的兴趣。地方税权问题是一个跨学科的论题，横跨法学、财政学、政治学等学科，单从法学来看，涉及宪法、财政法、税法等领域，研究该问题需要较为丰富的“背景知识”，难度较大。地方税权问题不仅涉及国家治理现代化、央地财政关系等宏观问题，而且与财政自主、地方竞争、债务风险等微观问题直接相关，具有非常强的现实性，因此，研究该问题具有一定的挑战性。我们深知自己能力有限，唯有锲而不舍，才能有所斩获。本书的出版是有限的时间内研究成果的初步总结，不足、疏漏在所难免，敬请同行批评指正。

课题研究能够顺利开展，我们特别感谢山东科技大学文法学院各位领导、老师的支持和帮助。孙法柏院长、潘伟国书记不但狠抓教书育人，而且重视学术研究，为我们提供了优越的研究环境。李冬、刘振山、秘明杰、赵丽莉等各位院领导为我们提供了诸多支持。法学系的良好“小环境”也使我们受益良多。吴立志主任，李宗录、黄晓林、李钢、李会勋、刘兵、单娟、冯艳艳等各位老师提供了许多帮助。另外，还要感谢山东科技大学法治工作办公室朱永帅副主任提供的大力支持。

最后，中国财政经济出版社张晓彪先生为本书的顺利出版做了大量工作，我们在此表示衷心的感谢。

王茂庆　崔　杰

2024 年 6 月